中央車站

Living at the edge of the world

蒂娜／傑美・巴斯特・波爾尼克
（TINA S. /JAMIN PASTOR BOLNICK）著

蘇培英／譯

宜 高 文 化

獻給一直緊握著我的雙手，給我支持的安瑪麗（Ann Marie）；獻給愛我幫助我的家人和朋友；紀念愛波，我的守護天使，她將永遠長存我心；獻給我媽，雖然她來不及讀到我的故事，但我衷心感恩在她最後的日子裡，我能以朋友和女兒的身份陪在她身邊。

——蒂娜

獻給朗（Ron），為了你所做的一切。

——傑美．巴斯特．波爾尼克

感謝

喬治和海麗葉・麥唐諾（George and Harriet McDonald）夫婦，讓我重獲新生；傑美和她的家人，他們在我放棄自己的時候，仍然相信我；「關懷之家」（Ready,Willimg&Able）的每一個人，伴我走過艱難的日子；撒馬利亞村的每個人，他們讓我學到謀生的一技之長。

還要感謝寶莉（Pollie）的幫助和支持。

——蒂娜

目錄

寫在前面

本書所有的人名都已有所變更。但以下人名除外：麥唐諾一家：喬治、海麗葉和艾比、哥倫比亞廣播公司的哈洛・道（Harold Dow）和丹・拉瑟，愛波，朗（作者傑美的先生）、蒂娜。此外，足供辨識身份的特徵，如外表描述、地址等，也已做了改變。

蒂娜有時候難以確定事件發生的先後順序，特別是關於中央車站那一段混亂的歲月。遇上這種情形，事件發生的時間順序就只能靠蒂娜能記起多少、醫院和警方紀錄的客觀資料以及蒂娜在戒毒中心和緩刑期間的日記來重建了。

本書的大部分場景都發生在中央車站，蒂娜生活在那兒的四年間，每天在她生活進出的人成千上百。同樣的，雖然本書的大部分描述都和真實情況一致，但為顧及簡潔性及可讀性，有些事件會加以濃縮。但本書的每一頁描寫都力求將蒂娜的經驗忠實重現。

——傑美・巴斯特・波爾尼克

前言

「你想跟真正瞭解愛波的人談談嗎？」布萊恩問道。他朝第二排座位方向點了下頭。「她就在那裡，那邊，頭上有疤的那個。」

所以，我很容易認出她來，有疤，或沒疤。在候車室的這個區域，除了我之外，她是唯一的白人，也是少數幾個女的之一。她看起來很小，不過，一會兒之後我就知道，她已經十八歲了，但看起來比我那十四歲的女兒實在大不了多少。她穿著泛白的牛仔褲和襯衫，一雙邋裡邋遢的球鞋。深色頭髮用一條紅色牛仔頭巾向後挽起來，奶油餅乾色的圓臉，看起來甜美又純真。

「她比任何人都瞭解愛波。」布萊恩繼續說道，「她們是最好的朋友。」

「她叫什麼？」

「蒂娜。她會跟你聊的。我會告訴她跟妳說話沒關係。」布萊恩雖然和中央車站裡的其他流浪漢一樣無家可歸，但卻很受尊敬，是個不折不扣的領袖人物。很早以前我就交上了這個朋友，得到布萊恩的首肯在這兒很重要。

但是跟蒂娜說話卻不是件容易的事。布萊恩替我們介紹的時候，她有點退縮，說話的聲音很小，幾乎聽不見，我覺得她隨時會逃跑，我就像是在跟一頭小鹿打交道似的。

我向她說明，我正在收集有關愛波的資料，所以想訪談認識她的人，而布萊恩告訴我，她是愛波最好的朋友。上個月愛波過世的時候，蒂娜還在牢裡，因為違反假釋規定入監服刑三十天。這是愛波死後她首度回到中央車站。她看來還沒有從震驚中恢復。「我不想談她」，她對我說，「讓愛波安息吧。」

但我告訴她，我對愛波的瞭解，她對「安息」可能沒什麼興趣。

愛波還在世的時候，我並不認識她，但我不時看見她在車站裡頭衝來衝去，老是急匆匆的要趕到什麼地方去。有時候她會到外頭「遊民協會」（the Coalition for the Homeless）供給餐飲的小貨車這邊來，替那些年老體衰或是醉到不能自己出來排隊的人拿個三明治和牛奶，周末晚上我在那裡當義工。每個人都認識愛波，不只是那些和她一樣住在車站裡的遊民，還有車站的工作人員、小販、警察和替遊民爭取權益的社會運動者。她既漂亮又年輕，而且聰明風趣，表達能力又好，是媒體的寵兒。媒體報導遊民問題的時候，曾經有數不清的記者前來訪問她。早在一九八六年，哥倫比亞廣播公司為丹拉瑟的夜間新聞節目出動攝影機到中央車站來拍攝遊民的時候，愛波的訪談就是節目的重頭戲。

那晚她看來格外耀眼又充滿活力：她的皮膚在電視台白色燈光映照下閃閃發亮，暗色的頭髮也散發光芒，雙眼綻放興奮的神采。

一年半以後，丹．拉瑟又用了那晚拍攝的部分片段，用在愛波自殺以後的追蹤報導上。

因為愛波，我才會開始想動筆。但最後真正讓我全神投入的卻是蒂娜。布萊恩介紹我和蒂娜認識的第一天，蒂娜才在瑞克島服完了三十天的刑期，並且被指派參加哈林區的一個住宿戒毒課程——她正在和酒癮和快克對抗。費了一番力氣之後，她簡短的和我談了一下愛波的事，並讓我錄下她倆相識的經過，當時她們兩個都只有十六歲，還有後來蒂娜怎樣離開家到中央車站和愛波一起生活。

我們在候車室裡一張油漆斑駁的木頭凳子坐下來，聊了一會兒，蒂娜突然站起來說道：「呃，我要走了。」

「等一下」，我說，「下次你在附近的時候，我們還可以再見面談談嗎？」

「我不知道，」她答道。「我在戒毒中心的課排得很緊。」她不安的四下張望，然後從牛仔褲裡抽出一支煙，點上火。雖然叼著煙，她看起來還是不比十二歲大多少。

「反正」，她補充說，「愛波已經死了，以後沒什麼理由還要來這兒晃了。」她輕輕的，傷感的聳了聳肩。那一刻我以為她要哭了，不過，她站起來走掉了。

接下來那兩年，我每個禮拜都在中央車站待上三四天。我已經收集了好幾百捲訪問錄音帶，裡頭全是我跟遊民的談話紀錄。我開始意識到，只要長時間和一群人相處，就很難不參與他們的生活，即使這群人是中央車站裡數目龐大、川流不息的遊民。

里奧是個廿八九歲，英俊聰明的男子——愛波短暫生命裡的愛人——來自一個嚴謹的拉丁裔大家庭。他跟家人的關係仍然非常密切，但因為自己的生活方式令家人蒙羞，他一直懷有很深的罪惡感。好幾次，他要我替他打電話給家人試探一下，看看他們是不是還願意接納他。他的家人一直為他敞開大門。至少有兩次，他下定決心要戒毒，重回生活正軌。但兩次他都在三個月之內又回到中央車站來。這個城市跟他已經血脈相連，他喜歡街頭危險刺激的生活，無法自拔，就像他對快克和海洛英的癮頭一樣。在第二次回家之後不久，他就被因為行搶，而被判在北部監獄服刑三到七年。巧合的是，監獄離他家沒有多遠。

我也替一個名叫傑奇的十七歲男孩打電話回家，他是愛波和蒂娜的好朋友，也是少數幾個流連在車站的白人小孩之一。傑奇吸食快克，有很嚴重的毒癮，有時候他會坐在候車室裡哭，因為他的身體一天天惡化，他嚇得不知道怎麼辦才好。他瘦了廿磅，頭髮一大片一大片的掉，甚至記不起昨天發生什麼事（他不知道自己的眼圈為什麼會瘀青，下巴還劃傷了。）他想回家。不幸的是，傑奇的家人不像里奧的家人那樣願意接納他。最後，傑奇不見了。我不知道他碰到了什麼事，但我希望他有能力可以拯救自己。

每隔一陣子，就會有人會離開中央車站。經過一番艱苦的奮鬥，他們靠著自己的力量站了起來。而他們通常也仰賴外界慈善團體的幫助：參加自救課程，搬到北部，到願意雇用更生者的農場工作，參加長期的戒毒療程，或者就是回家。我為這些人喝采。但是，我在中央車站的那些年裡，我所知道能全身而退、完全脫離那種生活的只有一個人——坐牢或死掉除外。這個人就是蒂娜。

我遇到蒂娜之後，她就離開了戒毒中心，她懷著報復之心，重拾過去的生活方式。她幾乎整天耗在車站，似乎是鐵了心要毀滅自己，拚命的喝酒吸毒，好像是想把愛波的份給補上一樣。我曾經跟蒂娜說過，如果能找到愛波藏在隧道裡的筆記簿，希望她可以打電話聯絡我，或者，來個電話讓我知道她還在中央車站附近走動。我把電話號碼寫在一頁黃色筆記紙上，這本筆記簿是我和錄音機一起帶在隨身背包裡的。當時她漫不經心的謝謝我，然後把那張紙捏成一團塞進牛仔褲的後口袋裡。我沒想到她會留著那張紙，更別說是打電話給我了。

但是，大約一個月後的某個晚上，她打來了。

「我是蒂娜，」我一拿起電話她就說道。

「蒂娜，你還好嗎？」

「我一定要跟誰說說話。我快發瘋了，又找不到人跟我說話。」

「我在聽，」我對她說。

「大家根本不想聽你說你碰到的麻煩事，他們不在乎。除非你掛了，不然人家根本不會正眼看你。這個地方媽的根本沒有人會關心別人。」

「那麼，也許是離開那裡的時候了。」

「我媽跟弟妹住在救濟院，沒有我住的地方。而且他們的麻煩已經夠多了，沒空再管我的問題。」

「參加收容中心的復健計畫怎麼樣？」

「問題是，我覺得很孤單很孤單，你知道嗎？」

「蒂娜，你現在在哪兒？」

「候車室的電話亭，我在喝酒。我今天已經喝了很多了。我在想，如果沒有遇見愛波，我的一生會是什麼樣子，也許我不會染上毒癮。我很想愛波，想得要死。但是也許遇上她是我這輩子最慘的一件事。因為我是跟著她才會來到這兒。現在，我覺得很孤單，你知道嗎，你知道那種孤單的感覺嗎？」

「我想我知道。」

「我覺得在這個該死的世界裡沒有人關心我，因為我一無是處。」我可以聽出她在哽咽；還有她努力想要忍住不哭。「我是說，我想要好好的活下去，可是我不知道有沒有可能實現。我的未來只有兩條路，坐牢，不然就是像愛波一樣自殺。」

我很想把手伸到電話的那一頭，抓住這孩子，讓她感受到一點活力和溫暖。「不，蒂娜，你絕對不是一無是處。」

「我不過是個蹺家的小孩，我做了很多壞事。」

「你只是離開家裡而已。雖然你不承認，但你是個好孩子，蒂娜。你聰明漂亮又樂於助人，你有很多優點，只是你自己還不知道而已。」

然後是一陣靜默，久到我以為她已經掛斷了電話。然後我突然聽到哽咽的聲音，我知道，她正在不由自主的抽泣。

「我很需要聽到這些話」，當她可以再度開口的時候，她說道。「我真的很需要聽到這些話」。

蒂娜真的走出來了，而且現在正努力過著更好的生活。這是一段艱苦的上坡路，到本書寫作的時候為止，蒂娜已經奮鬥十年了。有時候她是進兩步退一步。她還有一段長路要走，但毫無疑問的，她已經步上正軌了。

這一路下來，很多人給了蒂娜關懷和支持。幾位服務遊民的熱心志工，一些親密友人，還有我和我的家人。她曾經說過好幾次，「沒有你們的話，我一定做不到」，但這話只對了一部份，她是靠著自己的力量爬出隧道的，我們只是適時地助她一臂之力罷了。

我開始整理錄音帶，喚醒她的回憶。在她十八歲時，我進入了她的生活，所以我可以幫忙填補一些她記憶上的空白。但這終究還是蒂娜自己的故事，而且是用蒂娜自己的話來訴說……。

——傑美・巴斯特・波爾尼克

紐約

二〇〇〇年二月

我一定要找到愛波。

我在黑暗的隧道裡奔跑，踉蹌著跨過火車鐵軌。我的臉和褲子都濕了，因為那個人勒住我脖子，我尿了褲子。隧道似乎永無止境，雖然我很熟悉這個地方，但還是迷路了。

腳步聲跟著我，可能是那個人，可能他還在隧道裡追著我跑。我想尖叫求助，可是沒人會聽見。就算警察聽見了，也只會把我抓起來，因為我是個遊民，因為我未成年，因為如果發現我在這兒，他們可以用非法入侵的罪名逮捕我。

腳步聲更接近了。重重踩在軌道間的碎石上，我想跑快一點，我的球鞋忽然踩在一個軟呼呼滑溜溜的東西上，滑了一跤，我努力保持平衡不讓自己跌倒。那個又軟又滑的東西是隻死老鼠，躺在鐵軌中間，被壓得稀爛。要不是哭得這麼厲害的話，我早就吐了。

我一定要找到愛波。我知道她在下面。但那個人就在我後面。我不必回頭就知道他離我很近，一伸手就能抓到我。他會對我再做一次，一切又會重演。愛波到哪兒去了？

＊＊＊

席妮在搖我，抓著我的肩膀搖晃我。「住手！」我說。我把她推開，想要從床上坐起來。夜燈亮著，是午夜時分。

「你又做惡夢了。」我記起了在隧道裡的奔跑。那個追我的人，還有，我想在夢裡找到愛波。「你需要面紙」，席妮說，從床頭櫃的小盒裡拿了一張給我，我這才明白，我的臉已經濕了。「你沒事吧，蒂娜？要不要喝點熱茶？」

我摸摸自己的臉和眼睛，搖搖頭。

她問道：「你想談談嗎？」我想。每件事我都想談。但我不知道這世上有沒有人真正瞭解我。或者告訴席妮所有的一切恰不恰當。

「不用了。」我倒回床上。席妮看起來很疲倦，我們兩個又得六點就起床上班。「只要把燈開著就好了。」

「好」，她說，「你真的沒事吧？」

「沒事，睡吧！」

部分夢境是如此真實，尤其是關於愛波的那些片段。當我夢見愛波的時候，她好像真的還活著，我真的還跟她在一起似的。

席妮還在睡，所以我盡量輕手輕腳的起床。狗兒們都睡著了，愛因斯坦睡在床腳附近的地板上，米妮睡在躺椅上，小貓垃圾則高踞窗台，在枕頭上蜷成一團。

我做了夢魘之後我一向會做的事：躡手躡腳的走進客廳，開了燈。席妮的藍色帆布背袋放在桌上，晚上她一向把袋子放在那裡。地板的墊子上放著一本史蒂芬・金的《寵物墳場》（Pet Sematary），我正在重讀這本書。墊子上還放了一個狗玩的橡皮玩具，愛因斯坦和米妮老是搶來搶去。

客廳看起來整潔靜謐，廚房裡一切就緒，準備迎接早晨的到來：洗碗槽和流理台乾乾淨淨，幾隻鍋晾在滴水籃裡，咖啡機裝滿了，設定好五點五十分啟動。這個周末我才刷過地板，現在還閃閃發亮。

我來到走廊，走過我妹妹潔西卡正熟睡著的房間。我打開大門，眺望著外面的街道。現在它是一片死寂。轉角的第三輛車是我們的，二手的道奇。就停在我昨天晚上回家時停的地方。一切都還在，沒有變動，一切都是真的。

我回到臥室，拍拍愛因斯坦和米妮的頭，幫垃圾抓抓耳朵後面。愛因斯坦站起來，轉了幾個圈，又躺回地板上。我重新爬上床，又覺得安心了。

我躺下去，關了燈。

第一部

警察在追我。無線電對講機的聲音就在我後面，我可以聽到對講機斷斷續續發出刺耳的嘎嘎聲。我聽見有個警察說道：「好了，我們追上她了。」

他們追的可能不是我。吸快克的時候，人總是特別容易疑神疑鬼。

我正走在萊辛頓大道（Lexington Avenue）上，哈得要死，很想再來一回。所以我躲進一棟房子的門口，點上火。接著我又繼續向前走，因為沒來由的恐慌，逼的我不停的走，不停的跑才能感覺安全。因為我聽到警察就在我後面，帶著無線電對講機。三個小時、四個小時、五個小時過去了，我還在走著。反正我現在太亢奮了，連自己在哪裡都搞不清楚。

我身上這些衣服起碼穿了一個禮拜：牛仔褲，球鞋，兩件T恤，外面是一件法蘭絨襯衫和一件運動衫，最外頭罩一件男用的藍色絨毛夾克。這件夾克是我和傑奇打破車窗，從某人的汽車後座偷來的。衣物下面是我的身體，沾著污垢和油灰，因為我已經很久沒洗過澡了。

累的時候我隨地倒頭就睡。人家門口，公園的椅子，地下鐵的樓梯，走到走不動的任何地方，我甚至懶得走回中央車站。這就像是從離家出走的地方再一次離家出走。

如果神智還清醒的話，我會看看其他人，在街上跟我擦身而過的那些人。他們要不就是趕著上班，要不就是下了班趕著回家。我很好奇過著那種生活會是什麼樣子。他們又是怎麼做到的呢？這麼理所當然，這麼充滿自信？

也許他們覺得我一無是處。也許他們當我是狗屎，當我是沒用的廢物。

這種想法讓我更想往下沈淪，沈到沒人能看見的最底層，或者沈到我不再存在的地方。在那兒，我沒有什麼好失去的。因為我知道，只要我活著，就得做選擇：繼續這樣下去，或者振作起來。但我兩個都不想選，兩邊都太痛苦了。

我懷的小孩是哈利的。我知道。因為我沒跟別人亂搞。哈利要我留下孩子。他開始說那些所謂的「承諾」，對我說「一切都會沒事的」，「我會改，我不會再販毒，我會去找工作。你等著看，我們會弄到公寓，我們會結婚。」

我跟他說：「才怪，哈利，算了吧。這是我的身體，我有權自己決定。」我又不笨，你知道吧？我只是盯著他看，覺得他是神經病。你想騙誰啊？我不會為你留下孩子，我不會這麼做的。因為我不夠愛你。

哈了很多草以後我開始自言自語起來，可是直到街上走過去的人都盯著我看，我才知道自己在幹嘛。我才知道我的嘴在動，話說個不停。

吸毒吸的迷迷茫茫的時候我就會自言自語，我覺得世界上沒有人能瞭解我想說些什麼。

哈利逮到我在聖愛格妮絲教堂的階梯上打瞌睡，這裡離中央車站半條街。

「我不是叫你別碰那鬼東西，回家去嗎？」他大叫。他說的是快克，雖然對我喊著這些話，他自己手上卻拿著一管注射器，準備填滿了來吸。

「是喔，哈利，讓你一個人在這兒爽快。」

「媽的我又沒懷孕。」

「要不是你騙我，我也不會懷孕。」

哈利是個大塊頭的黑人，頭髮梳成一條條的黑人辮子頭。他可以很溫柔，這是為什麼當初我會跟他在一起。但如果他生氣的話，還是快閃的好，他現在就很生氣，用大手掐住我的脖子，愈來愈緊。我想把他推開，可是他卻掐得更緊，一直到我開始咳嗽他才鬆手。「你肚子裡有小孩，別在街上混。回家去找媽吧，丫頭。」

他突然鬆手，我跌了一跤，撞在樓梯的欄杆上。喉嚨很痛，沒法子回嘴。

看到我出現在門口，我媽很驚訝，因為平常我都會先打個電話。而且，我渾身髒兮兮的，還在哭。她看過我一身髒的樣子，但我幾乎不在別人面前哭，除非喝醉了酒。

我只告訴她有人掐我脖子，現在，我脖子上開始出現瘀青。她說：「我來報警。」

「不要，」我說，「我沒事的，休息一下就好了。」

我媽住在廉價旅社「喬治王子」裡。和我的弟妹，我媽的男朋友羅伯，也就是我小弟的生父一起。像沙丁魚似的全擠在一個房間裡頭。另一個弟弟法蘭基，年紀和我差不多，已經不和他們同住了。這是我媽第二次淪落到去住廉價旅社。我十二歲的時候，我們被迫搬離阿斯托里亞皇后區的家，一場火燒掉了我們的房子，最後我們被迫在馬丁尼克旅社待了一年。

每隔一陣子我就會回家找我媽，回家不是因為她能保護我，我只是想逃到一個沒有人會傷害我的地方而已。我媽有她自己的問題，她和羅伯老是吵個不停，彼此大吼大叫。他一拿到救濟金支票就會衝到四十二街去，喝到口袋空空才回家，大搖大擺的破門而入，然後整夜跟我媽吵個沒完。他想要更多錢，她沒有，因為錢都花在幫小孩買吃的穿的上頭了。就算吵的不是沒錢用這種事，他們也會找雞毛蒜皮的小事來吵。像是我媽關掉電視，他偏又把它打開之類的。我覺得我的弟妹非常可憐，必須困在這種環境裡生活。

回我媽那兒的時候我可以洗個澡，可以找到東西吃，如果他們沒吵架的話我還可以睡個覺。旅社房間裡有兩組可以收到牆壁裡的雙層床。我跟羅比睡下鋪，要不就跟潔西卡睡上鋪。不過潔西卡睡覺的時候很愛亂動，還會踢人。

我要離家的時候，我媽總會說：「我一直很擔心你。每次看新聞發生事情的時候，我都擔心那個是不是你。」

我告訴她：「我沒事的，媽。我會照顧自己的。」

我在家從來不待超過兩天以上。

＊＊＊

大概一個禮拜以後，我又打電話給我媽。因為剛參加完一連三天的狂歡派對，我覺得很虛弱，不想再撞見哈利。我問她可不可以回去過夜，她說，「不行，不可以，我覺得不大好。」以前她從來沒有拒絕過我。

我被她的回答嚇得停止呼吸，說不出話來。甚至連為什麼不行都問不出口。

接著她說，「羅伯說，他有時候會在四十二街看到你，他說你去那裡買古柯鹼。」

我對她說，「沒錯，有時候我會去。」

「聽著，蒂娜，如果你吸毒的話，我希望你別接近孩子們。潔西卡快十歲了，你可能會把她帶壞。」

我站在麥迪遜大道的公用電話旁，開始掉眼淚。古柯鹼是世界上最糟糕的東西，我自己就快被它害死了，她怎麼會以為我會把自己的小妹也拖下水呢？她到底以為我有多無藥可救？我掛上電話，在那裡站了五分鐘或十分鐘，哭得眼前一片茫然。

我知道，一定是羅伯叫她這麼對我的。而她竟然就聽了他的話，簡直沒大腦。該死的，她以為羅伯到四十二街幹什麼去了？她很清楚他是在販毒。她跟吸毒、販毒的傢伙住在一起，而我是她女兒，血肉相連的親生女兒，她卻叫我滾遠一點。

她寧願要他不要我。

那一晚我睡在中央公園。我只記得是睡在一大叢灌木旁邊，天氣很冷。我把紐約時報的四個版全都蓋在身上。

沒事睡在中央公園的人一定是發神經，因為天黑之後隨時有可能會被幹掉，但我管不了那麼多，我太累了。一定是有個守護天使看著我，因為那一整晚，都沒有人來煩我。

中央車站的熟人都說我越來越像愛波，這讓我很高興。這是我懷念她的一種方式，這樣她會永遠活在我心裡，我們可以永遠在一起。

我又回到中央車站。到處亂晃，同時盡量躲著哈利。我的頭昏昏的，還沒有從之前的狂歡中恢復，我還跟一個叫做蜜雪兒的女孩子打了一架。她是黑人，年紀跟我差不多，大概廿歲，跟一個有時與哈利一塊販毒的男人一起住在隧道裡。

我不記得我們為什麼會打起來，也不記得是誰先動手的。我只記得發生在小吃店旁邊通往車站的地下道階梯上，我把夾克和運動衫都脫了，只穿著兩件T恤。我把她的頭夾在腋下，想要把她絆倒在地上，但卻先撞到了我自己的手肘，我上臂一陣疼痛，只得鬆手。

之後我才注意到手肘上多了個傷口。小吃店老闆傑瑞給了我一塊OK繃。「蒂娜，」他說，「你氣色很糟，真讓人擔心。」

「別擔心，好嗎？擔心我的人最後總會惹禍上身。」

傑瑞從醃黃瓜的的桶子裡拿了一片酸蒔蘿給我，叫我先去洗手間把傷口好好洗乾淨，再貼上OK繃。不過我懶得洗，因為傷口實在太小了。

我和哈利和好了，在隧道裡待了兩三天，在他那塊一〇三號鐵軌月台下，躺著休息，好讓自己恢復元氣。哈利一天會過來幾次，拿麥當勞的大牛肉漢堡或是傑瑞店裡的熱湯給我，也會帶快克來。通常快克會讓人精神振奮，興致高昂，但我吸了幾次之後卻又馬上昏昏沈沈睡著了，所以我知道，我真的不大對勁。

這個地方溫暖、陰暗，有一股霉味，很像是舊衣服和潮濕混凝土的味道。我裹著一床軍毯，躺在一大片厚紙板上。有時候，列車進站的聲音會吵醒我。駕駛關掉引擎，火車發出唧唧的聲音。火車進站以後，可以聽見人們的腳步聲踩在頭頂的月台上。這些聲音帶給我安慰。讓我覺得外頭的世界還在好好的運轉著。

有一次我醒過來，看見愛波坐在我旁邊的一堆舊衣服上，正在吸著快克。她將洋基棒球帽反戴，迷茫地望著前方，樣子很悠閒。她看起來這麼真實，我好想開口跟她說句話。我有太多事要告訴她了。可是，我有種感覺，如果我開口，她就會消失不見。所以我只是看著她，直到我的眼睛睜不開昏昏睡去為止。

＊＊＊

我第一次下到隧道就是跟愛波來的。她之所以帶我去那兒，是因為我覺得她住在中央車站是在開玩笑。

那時我十六歲，她也一樣。我是在她住在我前任繼父文斯家時認識她的。文斯是個計程車司機，有次愛波在中央車站附近行乞，坐上他的車。文斯知道愛波無家可歸，就讓她有時候跟他一道住在皇后區。文斯老是讓人借住。真的，我的小弟法蘭基那時候也跟他一起住。法蘭基受不了我媽的男朋友。文斯甚至不是法蘭基的生父，只是我小妹潔西卡的父親，我和法蘭基的生父已經死了。

有一天，我蹺課回家，看見文斯的計程車停在外面。他不常來。我知道文斯不是來看潔西卡的，因為她這個時候還在上學。原來他是來找我媽的，不過她不在家。所以他就說：「走吧，我們去漢堡王吃午飯吧」。他連我為什麼沒上學都沒問。

到了漢堡王，他告訴我，有個逃家的小孩住在他那裡，一個從加州來的女孩子。「她跟你差不多年紀，也跟你一樣有一半義大利血統。你想見見她嗎？」

我說，「當然好啊。」所以我們開車到文斯家去。花了幾分鐘，我的眼睛才習慣室內微弱的光線。因為文斯的公寓是間地下室，只有幾個氣窗。然後我看出客廳裡睡著兩個人。沙發上的是我弟弟法蘭基，愛波睡在墊子上，蜷在床單裡。赤著腳，穿著牛仔褲和加菲貓運動衫。閃亮的棕色捲髮紛亂的披在臉上。她的睡姿非常好看，就像有人替她擺過姿勢似的。我想，從第一眼起，我就崇拜她了。

我後來才知道她。小時候她跟爸爸住過那兒，她其實來自皇后區，而且是從威徹斯特（Westchester）的一個青少年之家逃出來的。但這些事情絲毫沒有減損我對她的崇拜。

文斯回自己房間去打電話。我在一張椅子上坐下來，法蘭基終於醒了，問我為什麼沒上學。我說：「那你自己呢？」他就沒再問下去。接著愛波醒了，法蘭基替我們介紹彼此。愛波說：「我餓了。」他們到廚房吃了一點麥片，接著就出門了，沒說要去哪。我不好意思問可不可以跟著去。

文斯打完電話，載我回家。他說：「你見到她了嗎？」我說有。

我想，認識愛波的第一天，她跟我一句話也沒說過。

大概兩個禮拜之後，我在卅四街地下鐵車站，看到法蘭基和愛波正在下去的電梯裡。我興奮得大叫：「喂，法蘭基！愛波！」

他們告訴我正打算去中央車站。我以為他們是要去搭火車，但愛波說：「不是，不住文斯家的時候，我就住在那兒。」

「是喔，說得跟真的一樣。」我很生氣，以為她在耍我。

她告訴我：「跟我來，我帶你去看。還是你趕著到什麼地方去？」她的聲音有一點像青蛙叫，沙啞低沈。我喜歡她的聲音。「沒啦，我不趕時間。」

所以我跟著他們一塊兒去了中央車站。我們搭蠔吧旁邊的電梯，往下兩層，來到了一一一號線。後頭有一扇門，愛波說那是工作人員的浴室。另外一扇門上掛著「非經允許請勿進入」的標示。她從牛仔褲口袋拿出一把折疊刀，插進門縫中間，鎖應聲而開。「看到了沒？」她說。「我現在『經過允許』了。」裡面是一個很大很大的房間，有好幾層樓高。牆上和天花板遍布管子，到處垂著粗重的電線和通風管。

「這是哪裡？」我問她。

「鍋爐室。來，我帶你去看。」我們必須爬下和火災逃生梯一樣的梯子，才能到地面上。她爬了一半，看我沒跟來，「你怕啊？」她問。

「見鬼，我才不怕。」說著，我跟著她下去。

爬下主地板樓層的時候，我看到除了中央的大房間之外，還有其他相連的房間。全部都有管線和通風管，也有梯子和樓梯通往上方相互交錯的狹窄通道。在第二間房間，一堆管子的後面，是幾塊壓平的硬紙板，上面蓋著毯子，一些黏在空罐裡的蠟燭，一些可樂和啤酒瓶，一本「十七歲」（Seventeen）雜誌。「我溫暖的家，」愛波說。

法蘭基不知道跑哪去了。不過他和愛波約好回頭在中央車站見，一起搭地鐵回文斯家。愛波說，如果我沒有其他更好的事要做，可以跟他們一起去。「我們弄點大麻煙來吸，到處晃晃。」她說。我說，「當然好啊。」她問我有沒有錢，但我身上只有一些地鐵代幣。

我跟她一起到布園公園（Bryant Park）去找大麻煙，那兒離中央車站只隔一條街。有一些人坐在公共圖書館後頭附近的長凳上，愛波好像認識他們。看起來不像善類。

愛波說，「你在這裡等。」就和其中的一個人躲到一大叢灌木後頭去了。我在草地上坐了五到十分鐘，一邊等著她，一邊希望事情不是我看到的那樣。

她回來的時候，手上多了一袋零錢。

我們很晚才回文斯家。因為文斯家的前幾站就是一大片公墓，法蘭基想下車去看看我們老爸的墳。我們有大麻煙、一品脫黑莓白蘭地，法蘭基還帶著一台隨身聽。不過，十五分鐘以後，我們就放棄找老爸的墳了。我們甚至沒法子確定是不是這個墓園。愛波說，我們該留下來開個宴會。

那是法蘭基第一次吸大麻。我想他這麼做只是為了打動愛波。我可以感覺得出來，他深深迷戀著她。解決大麻和白蘭地之後，我們花了一個鐘頭把別人墳前的花拿走，擺到那些沒有花的墳墓上。愛波說，「我們要公平分配，讓每個人都有花。」她說她很容易同情死者，因為她哥哥也死了，而且是她在這世上最喜歡的人。

我們大概凌晨三點回到文斯家，有點醉，有點興奮，頭上插著花。墓園的事好像沒有發生過一樣。我告訴愛波：「我從沒見過像你這樣的人。」

「你以後也不會。」愛波說。

然後我們都累倒在文斯的客廳裡。我睡到中午才起來，又蹺了一天課。

＊＊＊

躺在隧道下面哈利的那塊地盤已經好幾天了。有時候我會想到懷孕的事。我要怎麼弄掉孩子？我知道自己不可能照顧小孩。我連照顧自己都有問題。

我也不能告訴哈利我想墮胎。而且要墮胎還得趕快。因為從懷孕到現在已經過了好幾個月了。我得趕快行動，但是一切都那麼複雜。單是想到這些事，我的頭腦就一片混亂。

有個一起混的女孩告訴我，喝下一整瓶的蓖麻油就可以流產。如果沒效的話，還可以找人踢你的肚子。貝芙麗也住在中央車站，她下來看我。因為哈利告訴她我生病了。她帶了咖啡和一小瓶安納心（Anacin，止痛藥品名）給我。「嘿，」她說，「哈利這個地方不賴嘛。」

「這地方爛透了。是給老鼠住的，才不是給人住的。」

「喂，我看你褲子口袋裡也沒有廣場大飯店的房間鑰匙吧。」她對我說。

然後我就閉嘴了。我知道她的意思。我、貝芙麗，還有其他在中央車站混的這些人，並沒有太多選擇的餘地。

有個經常在中央車站附近晃蕩的女人叫做艾德娜。她每天都坐在入口附近的一個牛奶箱上行乞。她大概有五六十歲，胖胖的，老是穿著一件髒兮兮的裙子、厚外套和破襪子，就連夏天也是如此。她的腿很粗，看起來就像大象的腿。有時候我會給她一些零錢。看到這些上了年紀的女遊民總讓我覺得很難過。對我來說，中央車站裡最叫人傷心的景象就是她們。到了她們這個年紀，就沒什麼指望了。

有一次，我跟一夥人正要離開中央車站去買快克。經過艾德娜身邊時，其中一個人抓起她的購物袋就跑。他一直跑到下一條街，然後把袋子隨手丟在垃圾桶裡。艾德娜站起身來，開始尖聲咒罵我們，我猜她以為我也參了一腳。因為她對著我尖叫：「你這個流鼻涕的小丫頭，等你到了我這個年紀，你就不會覺得好玩了！希望他們對你更壞一點。」

躺在哈利那裡時，我想到艾德娜。我想有一天我的下場可能跟她一樣，在我變成女遊民之前，我一定會先自殺的。

第二天或第三天開始，我的手臂疼得讓我睡不著覺。一開始我不知道是為什麼，然後我記起了和蜜雪兒打架，還有我手肘上的傷口。因為穿著長袖，我看不到傷口，但我知道傷口一定腫了起來，因為我沒辦法正常的彎手臂，整隻手臂都在抽痛著。

又過了一兩天，我的手臂一動也不能動了，就連快克也止不了我的痛。我知道不能再這樣下去。我爬到樓上的候車室，打電話給我認識的這個作家。我告訴她手臂上的傷，她要我趕快到醫院去，直接去急診室。她病在床上，但她打了電話給喬治・麥唐諾，一個遊民權益鼓吹者，他很多時間都耗在中央車站。大約一個小時後，他在貝勒富醫院跟我碰了面。

＊＊＊

在貝勒富醫院，我睡在乾淨的床單上。早餐、午餐和晚餐時間，穿著綠色裙子的小姐們推著餐車，用托盤幫每個人送上食物。我這輩子從來沒吃得這麼好過，除了一次十七歲在這兒住院之外。那一次是因為我住在中央車站，我媽覺得她管不了我，就讓法院來負責監護我。法院把我送進貝勒富的精神病房住了一個月，以確定我沒有瘋。

我手臂傷口感染得很嚴重，醫院必須幫我從靜脈注射抗生素。而且他們說我營養不良。他們說可以幫我墮胎，不過要等我的手臂先好起來。

喬治・麥唐諾的太太海麗葉第二天就來看我。她帶了一件睡袍和一雙拖鞋給我。我很累，沒辦法多說話，所以她沒待多久。她走之前告訴我，醫生說一個禮拜或十天之內就會替我進行墮胎手術。

老實告訴你，聽到可以在醫院待上一兩個禮拜，讓我鬆了一口氣。在這兒你可以在固定時間醒來，固定時間進餐，服藥。不用整天晃來晃去的想著，接下來要幹嘛？

房間的每一邊有三張床。我的床就在窗戶旁，轉過頭，就可以看見東河（East River）。其他女病人中只有一個年輕人，年紀跟我差不多。因為從圍牆上摔下來，跌斷了一條腿。她從英國來，講話也有英國腔，所以我知道她不是在唬爛。

在貝勒富待了幾天之後，我覺得一切都好極了。我的手臂還會痛，感染也還沒痊癒，但我又漸漸習慣可以填飽肚子的生活。我很平靜，不會想毒品的事。這就像是一種啟發。當你和快克為伍時，根本不會注意其他事，你只會想著快克，還有怎麼把它弄到手。三四天不吸毒，你才會開始看見身邊的東西，瞭解身邊發生的事，那些其他人習以為常的事，早上的蛋和烤麵包，口渴的時候冰水有多好喝，好笑的電視節目，護士幾句體貼的話，讓人從頭到腳煥然一新的熱水澡。

這就像是有人幫你拿下了眼罩。你看見太陽升起，落下。你知道白天過了就是晚上，然後又是另一天的開始。而不是等到毒品的藥效過去，漫長的一天才算結束。原來除了快克，世界上還有這麼多東西。跟整個世界相比，毒品真的只是微不足道的小東西。

窗戶外面七層樓底下的河上，停著一艘我見過最大的船。巨大無比，是白色的，在陽光下閃閃發亮。這種船一定就是唐納・川普那種人會坐的船。

那個斷了腿的的英國女孩正在對我說，她怎麼樣搭飛機到法國，搭火車到西班牙，搭貨船到美國。所以我就跟她說，那艘停在那兒的遊艇是我的。等我好起來，也可以搭上船去環遊世界。

海麗葉把我弄哭了。

幾天之後，她又來了。我正坐在床上看《我的孩子們》（All My Children）。她看起來很漂亮，穿著長裙和牛仔靴，頭髮紮成一個馬尾。她幫我帶了一小盒巧克力來。問我：「出院以後你要去哪裡呢？」

我把電視關上。「中央車站。不然還有哪裡？」

「你真的想回那兒去嗎？」

「我有什麼選擇嗎？」

「為什麼不試試勒戒所呢？」

我告訴她，我已經試過了，沒有用。我第一次坐牢時，因為違反假釋規定，被送到一個住院治療的勒戒所去。當時我一團糟，因為愛波剛死不久，我還在哀悼期沒復原過來，那個勒戒所又正好在哈林區中心。你每天都得去見保釋官，走路回家會碰到毒販、快克和海洛英。他們一方面要你遠離有關毒品的一切人、事和地方；但一方面他們又把你丟在哈林區的中心。你知道嗎？我沒撐多久。可能最多一個月吧。之後我馬上又回到中央車站。讓自己亢奮起來，忘記痛苦。

「也許，」海麗葉說，「上次是地點不對，時機也不對吧。我知道有個撒馬利亞村，他們在州北部有住院治療所，在山裡面。有很多人正在排隊等位置，但我想喬治可以讓你快點進去。你想試試看嗎？」

山裡面啊。我想到一片綠。樹和草，還有草地和森林之類的種種。野花盛放著。

然後她開始「你很有潛力」的那番老套。我以前聽過一百萬次了。我的保釋官，中央車站的警察，車掌和車上的工作人員，小吃攤的傑瑞，我的「老主顧」——每天都會給我一塊錢想聽我說故事的通勤族，都對我說過這些話。他們全都告訴我：「天啊，你在這兒幹嘛呢？你這麼有潛力，你年輕，漂亮又聰明。不管你想做任何事，都可以辦得到的。」

所以，我邊吃巧克力，邊讓海麗葉繼續她那套「你很有潛力」的老生常談。在她告訴我我有多棒的一個空檔，她問我：「蒂娜，你在聽嗎？」我說：「有啦有啦，你要吃糖嗎？」

她說：「五年以後，你會在哪兒？」

「我不知道。」

「十年以後呢？」

「我怎麼知道？」我想到艾德娜，那腫脹的象腿。

「如果你是為了愛波，我想她一定不想看見你變成現在這個樣子。」

我聳了聳肩。海麗葉沒有權利說愛波想要什麼。她對愛波根本一無所知。

「外面有整個世界等著你，你要愛自己，好嗎？愛你自己，你會想要更好的東西。」

我低下頭，假裝看著剩下的糖果。但她看見我的淚水，她拿一張面紙給我，看著我擦乾眼淚。「我幾天以後會再來，親愛的。你考慮看看。」

我聽著她的靴跟登登登從走廊一路響到電梯。「去你的，海麗葉。」我說。雖然我知道她聽不見我說的話。

柯瑞和貝芙麗一起來看我。柯瑞是我在中央車站的第一個男朋友。他外表看起來還不錯。他沒吸太多毒品，只用一些天使塵和大麻，從不碰快克或海洛英。

貝芙麗看起來又黑又瘦，她在街頭差不多混了十年。我很高興她來看我。但天哪，她看來糟透了。臉頰凹陷，皺紋滿布，手腳像牙籤一樣細，衣服破爛，尺寸對她來說也太大了。跟我們其他大多數人一樣。她看起來像顆穿了衣服的葡萄乾。

她去上廁所去的時候，我問柯瑞，「天哪，她看起來真糟糕。」他說，「怎麼說？」

「她是不是瘦了？還是怎麼了？」

「你在這兒才待了四天啊，蒂娜。她看起來跟四天前一模一樣。」

「是啊，」我說，「我想也是。」

「她只是嗑藥嗑過頭了而已。跟其他人一樣。」

我想，我以前從來沒注意到貝芙麗的樣子有多糟。因為，就像柯瑞說的，我認識的每個人看起來差不多都是那種樣子。骨瘦如柴，髒兮兮，病奄奄，用藥過度。

＊＊＊

跟愛波在一起對我是一種全新的體驗，她的世界，我過去從來沒有接觸過。我們會到中央車站抽大麻，喝她最喜歡的黑莓白蘭地，跟她的朋友們一塊兒鬼混。中央車站是座龐然大物，但愛波似乎熟知每一吋地方。

而且中央車站非常美麗，高高的天花板，中央大廳的雙樓梯還有陽台，都是大理石的。大廳的天花板是半球型，像天空一樣藍，上面畫著星群，看起來幾乎像真的星星一樣閃閃發亮。愛波告訴我一些星群的名字，我就是這樣從中央車站的天花板學到星座的。

愛波認識很多人，因為她在中央車站大概已經住了一年。這些人也都住在這兒，住在火車站月台底下或隧道裡的隱蔽之處。我跟愛波到那兒去的時候，他們總是坐在候車室的板凳上，靠近男廁的那一頭。至少那些年輕一點的都是這樣。

老一點的會聚集在候車室另一頭的板凳上，有些則是因為精神不大正常才流落街頭。多數上了年紀的人都不在車站過夜，因為如果不是非常年輕，很難在隧道裡爬上爬下的。所以每天晚上一點半，車站關門，警察進來趕人出去時，被逮住趕到街上去的大部分都是老一點的人，其他人早已經消失在隧道裡頭了。

愛波真的對老人家很好。她會給他們香菸，有時候還買便宜的酒給他們。不過如果看到有人整天只喝酒，她也會替他們帶食物，叫他們吃。她介紹我認識班尼，一個矮小的黑人，大概有九十歲了吧。他留著一把白鬍子，老是喝著雷鳥威士忌。愛波告訴大家他們倆結婚了，要去百幕達度蜜月，班尼也跟著起鬨。他叫她甜心、甜蜜的兔女郎，還送她一個雪茄煙紙環當作訂婚戒指。

愛波另一個好朋友是一位叫做「媽媽」的老太太。媽媽總是穿著一件紫色外套，英文說得不太好。大家都不知道她的事，連她叫什麼名字也不知道。愛波是她唯一肯說話的人，但她的英文實在太糟了，愛波老搞不清楚她想說些什麼。愛波會從救世軍的車上帶熱湯給她。

要是有錢，還會買香菸給她。

愛波真的關心這裡的一些老人，不過多數時候她還是跟年輕人混在一起。她介紹我認識了瑪莉亞和法蘭西斯，和她一塊住在鍋爐室裡的一對男女。瑪莉亞是多明尼加人，大概十八歲，矮矮胖胖的，老是在搞笑。法蘭西斯年紀大一點，長得很好看。他兩隻手臂上都有刺青，留著蓬鬆的黑人爆炸頭。還有其他人：賈霸和奇威是表兄弟。阿閃算是愛波的男朋友。

每個人都很快樂，笑笑鬧鬧，到處閒晃。我很害羞，話不多，但他們都喜歡我，因為愛波喜歡我。我在學校裡有一些朋友，但我總覺得其他人都比我好。在這裡，我第一次有跟大家打成一片的感覺。每次到中央車站，我就愈待愈久。

如果天氣好，我們會在布園公園抽煙、喝酒，玩飛盤。餓了的話，愛波就會從雜貨店偷一些水果，或者我們會到小吃店去，我買一包口香糖，她就偷拿杯子蛋糕、多力多滋玉米片和百事可樂之類的東西。或者她會在街角行乞，向每個過路人要求：「對不起，能不能給我一個銅板？」她可真有膽量，讓我大大吃驚。路過的人也會停下來，給她一個銅板、一塊錢，甚至五塊錢。男人尤其會給她錢，因為她非常漂亮。她的顴骨高高的，眼神慵懶，微笑的時候牙齒閃閃發亮。那種微笑甚至可以讓人車都停止通行。我多希望自己能和她一樣，但我知道我永遠也沒辦法。

愛波做的那些事是我永遠也辦不到的。有一個叫做「中央車站福音三重唱」的團體，每天都會在車站附近演唱，他們腳下放著一個捐款箱。有一晚，下班尖峰時間，他們正在唱著「輕搖可愛的馬車」（Swing Low, Sweet Chariot），我們經過時，主唱賀喜唱到一半突然停下來大叫：「喂，愛波！」她馬上加入他們，好像很習慣這種事。

他們改唱「木板道下」（Under the Boardwalk），因為愛波知道這首歌的全部歌詞。她站在他們前面唱，一邊學著他們的手勢和舞步。她的聲音並不出色，但你可以看得出來，她唱得非常愉快。她穿著牛仔褲，戴著棒球帽，看起來非常可愛。她揮舞著手臂，和他們一起唱著「木板路下，海灘之旁」，把尾音拉得很長，直到臉都紅起來為止。他們唱完一曲，圍觀的人群增加了一倍。每個人都熱烈鼓掌，至少有一半的人在賀喜的箱子裡丟錢。

賀喜告訴其他人，「她一來唱，我們的收入就加倍。」

愛波說，「有一天我會變成明星。」

「小女孩，」賀喜說，「你已經是了。」

「別忘了我那份，」她對他說。賀喜數了幾張鈔票和一些零錢給她。愛波這次的收入差不多有九塊錢。她買了一個小的義大利香腸披薩給我們，剩下的錢買了一包香菸給媽媽。

晚上有時候我會去文斯家，但大多數時候會回我媽那兒去。我媽漸漸知道我蹺課，因為缺課太多，學校通知了她。她知道我交了愛波這個新朋友，也知道愛波常常待在文斯家。但我想她不知道我是到城裡去，在中央車站鬼混。

有一晚，我們坐在候車室裡，愛波突然決定要去皇后區看她媽媽。

我們搭了很久的地下鐵，然後又走了大概十條街。到的時候已經很晚了。愛波的媽媽開了一家美容沙龍，自己則住在房子後面。但現在房子黑漆漆的，而且上了鎖。愛波只好砰砰的敲門。我們看到燈亮了，愛波的媽媽走出來，身穿睡袍和拖鞋。她很漂亮，長長的金髮，看起來有點愛睏，也有點被嚇到了。我猜她一定在想，到底是那個該死的傢伙會這麼晚來敲門？她開了外面的燈，看見我們，然後才打開門。她沒跟愛波打招呼，她的第一句話是：「那是誰？」指的是我。

「我最好的朋友蒂娜。」愛波說。

「嗯，」她媽說，「你可以進來，不過她得留在外頭。」看到愛波，她好像並不太高興。或許是因為她很想睡覺吧。幾分鐘以後，愛波出來了，說：「走吧。」

我們往回走到火車站，一段很長的路。街道黑暗，空無一人，因為已經很晚了。我說，「我們走了這麼遠的路，你們的見面時間卻那麼短。」

愛波把手伸進牛仔褲，抓出一張十塊錢的鈔票。「我是為這個才來的，」她說，「她付錢讓我滾蛋。」

有天放學之後，我到文斯家去，愛波的男朋友阿閃也在。他和港區巴士站那裡人混在一起。他有一堆女朋友，顯然並不怎麼關心愛波。我想告訴愛波這一點，但她從來不聽任何人勸。只要阿閃一出現，愛波就會緊張不安，對他不停放電，像個戀愛中的小女孩。

這一天，她跟阿閃坐在文斯停在外面的計程車上，他們吵了一架。她跳下計程車走開了。阿閃也走了。我坐在計程車裡等愛波回來。半個小時以後，我放棄了，走進文斯家。愛波在家裡，躺在墊子上哭，文斯站在她身邊，問道：「怎麼啦？怎麼回事？」

「我的肚子。」她說。

文斯看到我，「該死，她到底怎麼啦？」

「跟男朋友吵架了」，我跟他說，「她心情不好。」

愛波又說，「我的肚子。」看愛波哭的感覺很奇怪。她看起來不像是會哭的人。

文斯走進浴室，出來的時候，手上揮著一個空瓶子。「愛波，」他說，「你吃了這些藥嗎？」她只是繼續哭著，捧著肚子。「愛波，該死的，」他大吼，「回答我啊，你是不是吃了這些藥？這是我幾個禮拜以前才剛買的，裡面還有一百顆啊！」

最後，愛波終於對他承認，沒錯，她是吃了藥。文斯打了九一一，要他們馬上派救護車。因為這裡有一個十六歲的女生剛剛吞下大概八十顆的泰勒諾（Tylenols，止痛藥名）。

他們把愛波送到皇后區的艾賀斯醫院。幾天之後，我到文斯家去，他告訴我，一開始，醫生認為有必要把愛波送到匹茲堡的一間專科醫院去換腎，但後來她撐了過來，慢慢好了起來。他說她得留在艾賀斯很長一段時間。

愛波不在，每件事又回到了以前的樣子。我媽和羅伯還是每天吵架，錢老是不夠用，總是不斷會有新的煩惱。比如小寶寶生病了，羅伯喝醉了，這個月要怎麼付房租等等。我媽對我的功課狀況很不滿。以前我是模範生，但現在因為缺了太多課，我的成績一落千丈。

那個周末，我媽和我大吵一架。我走出家門來到中央車站。沒有愛波在身邊，我有點羞怯不自在。但走進候車室的那一刻，我看到瑪莉亞、法蘭西斯和奇威對我喊著：「嘿，蒂娜來了！蒂娜，你躲到哪兒去了？」好像我是個重要人物，好像他們真的很高興見到我似的。

然後他們告訴我他們跟愛波講過話。她一個禮拜會打幾次電話到候車室的一個公用電話上，告訴他們她現在住在艾賀斯的精神病房，而且還要在那兒再待上幾個月，除了家人之外，不准其他人探病。他們說她一直問起我：「蒂娜到哪兒去了？蒂娜到底死到哪兒去了？」

下次她打電話來的時候我剛好在。我告訴她家裡那些烏煙瘴氣的事，她說，「那就留在中央車站這裡吧。瑪莉亞和法蘭西斯會讓你睡在鍋爐室。你在那裡等我，好嗎？等我出來。對天發誓你會等我？」我告訴她，「我發誓。」

＊＊＊

我在貝勒富住了一個禮拜，護士告訴我，幾天之後就可以不用再打靜脈抗生素了，他們會把我轉到另一層樓做墮胎手術。她解釋說，因為我懷孕將近五個月了，所以他們不能直接把小孩拿出來。必須做催生手術。

我問會不會痛，可不可以把我弄昏。她只是拍拍我的手說，「噢，親愛的，不用擔心。」這讓我開始擔心了。同一天，朗提著一袋平裝書來了。他是我手臂傷勢惡化時，在中央車站打電話給她的那個作家傑美的丈夫。傑美常在中央車站訪問認識愛波的人，知道我是愛波最好的朋友以後，花了很多時間跟我談，錄下我說的話。那大概是兩年前的事了，就在愛波死後沒多久，因為這樣傑美和我成了朋友。

傑美請她先生朗送這些書到醫院來，因為她自己還在生病。這些書多半是驚悚故事和推理小說。像是史蒂芬・金，她知道我喜歡，還有一些辛頓（S・E・Hinton）的書。她以前就買過一些書給我，但我想我從來沒讀完過。我吸毒的時候不知道把書丟到哪兒去了。

現在我可以拿著點滴下床走動了。朗和我就到會客室裡，那兒可以抽煙。我謝過他的書，問他傑美好些了嗎。他說她對盤尼西林的過敏反應很嚴重，不過現在已經好些了。我們稍微談了點話，氣氛有點尷尬，因為我之前只和他見過一次面。所以我走到窗戶旁邊，跟他說：「你想看一下這個嗎？」他看到那艘白船時，吹了一聲口哨。「好大的船。」他說。

「這是我的船，你知道。我把它停在那兒等我。等我出院以後，我就要花一年時間去環遊世界。」朗伸過手來摸摸我的頭髮。他說，「喂，丫頭，在你這個年紀，任何事都有可能。」

這讓我非常非常感動。因為我的朋友們只會說：「對啦，做你的白日夢吧。」或是告訴我我有多不正常，而不會對我說，是啊，蒂娜，也許你能辦到。

哈利從沒到醫院來看我。我覺得沒關係。他也許想過要來，只是沒有付諸實行。因為我想他也知道，我並不太在乎他有沒有來看我。我和哈利的關係，該怎麼說呢？我只是有時會想到，嗯，現在有點想去找哈利，我也知道，如果我去找他，他也會願意我陪著他。

所以哈利始終沒在醫院出現。但他告訴杜恩我的事，杜恩就來了。杜恩是中央車站附近少數的幾個白人，左臉上都是疤痕。他行乞時，會說自己是退伍軍人，他臉上的傷是打仗受的傷，這樣人家會多給點錢。但他曾告訴我們那些傷是怎麼來的。他以前吸海洛英，有一次他在電熱器旁邊吸，茫茫然的時候，頭垂到電熱器上。不過因為藥效太強，他根本不知道他的皮膚已經燒起來了，最後進了醫院。

我預定做墮胎手術的前幾天，他來醫院看我。我們在會客室，他劈頭就說，「我帶了禮物給你。」然後從牛仔褲口袋拿了一支快克出來。很好笑，因為我已經十一、二天沒看到這種東西了，所以我盯著它瞧了一會兒，才想起來那根管子裡裝的是什麼東西。

「老天爺，蒂娜，快拿著，」杜恩說，一邊對我晃動管子。他怕有人走進來會看到。我伸手接了過來，可是不知道該往哪兒放。我穿著醫院的睡衣，上面沒有口袋，海麗葉給我的睡袍也沒有口袋。「塞到拖鞋裡。」杜恩說。所以我就塞了進去。

「嗯，謝啦。」我說。

「要不要給你打火機？」

「免了，沒關係，我可以借得到。」

「不過，你最好拿著我的吸管，我想你身上一定沒有。」他從牛仔褲裡袋裡翻出來給我。

「我想你一定哈得要死吧。」我跟杜恩說沒錯，但事實上最近我並沒有那麼常想到快克。

他沒待多久就走了，我就回到我的房間。

午飯已經放在桌上了，還蓋著蓋子。海麗葉也在，坐在我床邊的椅子上。

「我看到你跟朋友在會客室，」她說，「我不想打擾你們。」

「沒關係的，你應該進來才對。」

「你看起來氣色很好。豐滿了一點。」

「長了太多肉了。」我說。

「可是看起來比較健康啊，頭髮也亮亮的。」

「你想過出院以後要去哪兒嗎？」

「沒什麼好想的。」

「回中央車站，是嗎？」

「不然要去哪裡？」

「我希望你考慮一下薩馬利亞村。喬治昨天打過電話，他們說兩個禮拜之內你就可以進去。」我把午飯上的蓋子掀開。義大利麵、兩塊白麵包、一小杯紅色果凍、咖啡、蘋果汁。

「蒂娜，」她說，「你已經不是小孩子了。你已經二十歲，應該要認真過日子了。」

「我知道，」我說，「我又不笨。」

「想想看你要回去的是什麼樣的地方。」我想到哈利沒來看我。他應該要來的。我說，「我要回到我的朋友們那裡去，他們就像我的家人一樣，中央車站就像是我的家。」

「蒂娜，雖然你第一次進勒戒所沒有成功，可是我希望你再試試看，趁著還年輕。在街上混不了多久的。出院以後，你可以來我們家住。艾比的房間還有一張空床，她房間也有電視和錄影機。你可以好好放鬆兩個禮拜，恢復元氣，我們會送你到撒馬利亞村去。這是個兩年的療程，他們的成功率很高。」

我真的被打敗了。海麗葉和喬治竟然願意讓我跟他們一起住兩個禮拜，還睡在他們女兒的房間。我想說的話太多了，所以一句話也說不出來。

「我們會幫你準備夏天的衣服，讓你帶到北部去。」海麗葉說。「我們跟艾比可以一起到蓋普（Gap）去買衣服。」我想，我想，我想，我想，我真想要這麼做。我的腦子裡不斷響起這個聲音，像風聲一樣嘶嘶作響。

但我還是沒有回答，海麗葉問道，「怎麼樣，蒂娜？」

「你知道嗎，做這些改變，很可怕。」

海麗葉說：「比不上你經歷過的那些事情來得可怕。」

海麗葉走了以後我開始吃午餐。然後我想起杜恩給我的快克，塞在我拖鞋裡，光滑的瓶子抵著我的赤腳。

我的快克毒癮開始犯了，那是一種焦躁不安的、觸電一樣的感覺，在身體裡流竄。我開始非常想吸一口快克，小小的一口就夠了。以前那種老味道在我嘴裡出現，他們說那是飢渴的味道。我走到廁所，進了其中一間，關上門。把那個瓶子從拖鞋裡拿出來，又從另一隻拖鞋拿出杜恩的吸管。然後我才想到我沒有東西可以點火。

我對墮胎沒什麼感覺。這只是一個障礙物而已，我必須清除它，才能好好過往後的日子。可是結果它卻變成一場夢魘。

我以前也懷孕過，十七歲的時候。一直到在中央車站傑瑞小吃店的儲藏室裡流產，我才知道自己懷孕了。傑瑞叫了救護車，把我送到貝勒富醫院，打電話通知我媽。就是那個時候，我媽覺得她管不動我了，把我交給法院監護。結果我在貝勒富的精神病房待了一個月。流產一點也不好玩，但是跟墮胎比起來，實在算不了什麼。

他們替我安排了床位，跟其他幾個等著做墮胎手術的女孩子同一個房間。每隔一兩個小時，護士就進來給我打針。我問她為什麼要打這些針，她告訴我，「讓小寶寶轉身，要轉過來他才會出來。」幾分鐘或幾小時以後，她又回來了，我也不知道隔了多久。我說，「什麼時候才會結束？」她說，「噢，還早，你還沒準備好。」然後又給我打了一針。

過了一陣子，我很痛，哀號起來。她給我打了另外一種止痛針。就這樣搞了一整晚。她一給我打止痛針，我就昏睡過去，然後又因為疼得更厲害而醒過來。我又哭又叫，「媽呀，停止吧。求求你，停止吧。」

最後他們終於把我推到手術室，有一些護士和一個醫生在場，都帶著口罩。那裡很冷，燈光很亮。他們告訴我，「推，親愛的，用力推。」我很用力，甚至用力到大便在身上，把到處都弄得髒兮兮的。

他們把我弄乾淨，有個護士說，「哎，別擔心，常有這種事的。」可是你還是會覺得好髒。其他的記憶不知道是不是出自我的幻想。我全身虛弱無力，但我發誓，有個護士把「它」拿給我看。那個小寶寶。我看著它，一團模糊的血肉裹在長長的臍帶裡。她說是個男孩。我覺得那一點也不像個小孩。也許它變形了，也許是因為我吸的毒品讓它沒長好。

她把小孩拿走了。我聽到沖水聲。我以為結束了，但她說，「不，還沒有，還有胞衣沒有拿出來。」然後是更多的疼痛，我又哭叫著要找媽媽。

我也不知道。也許這些事情並沒有真的發生過，也許看到小孩、聽到護士告訴我是個男孩只是我的想像而已。我又睡著了，醒過來的時候，我在手術恢復室。就在這時候我才突然想到，「它」是個活生生的東西。

那天稍晚海麗葉來看我。她幫我帶了牛仔褲和運動衫，還有一些新的內衣和襪子。

小時候我們常常搬家，所以我的生活環境常常會改變。但至少我媽和兄弟姊妹一直都和我在一起。我逃家住在中央車站的時候，愛波跟我一起。現在，我要先到喬治和海麗葉家去住，然後再到州北部的撒馬利亞村去。沒有人陪著我，沒有人認得我，沒有人知道我是誰，我從哪裡來，我對某個人有多重要。

一生中第一次，我要獨自去做一件事。我很害怕。

＊＊＊

住院之前，我只見過海麗葉幾面。但從我到中央車站開始，就認識喬治・麥唐諾了。喬治是遊民權益的鼓吹者，總是待在車站附近，他瘦瘦高高的，有點邋遢，好像手腳太長沒地方放似的。他發起了一個叫做朵愛（Doe）基金會的組織來幫助遊民。

車站這些人裡頭，愛波是他的最愛之一。他老是想帶她去戒毒中心，但她不去。有一次他威脅說要把她拖去。她說，「你拖啊，我會大喊強姦的。」

只要喬治找了記者來採訪中央車站的遊民時，就會找愛波讓記者訪問，因為她既聰明又漂亮。她會接受採訪，不過要收費。報紙採訪十塊錢，電視節目則要三十塊。喬治也會給，因為他希望愛波盡可能多上電視，讓朵愛基金會多點知名度。可是他說，給愛波錢，他會覺

所以我就在中央大廳上面的咖啡店讓這個叫哈洛・道（Harold Dow）的人採訪了。我叫喬治先給我錢，然後把錢給了哈利。節目工作人員架起攝影機和燈光，我和哈洛坐在一張桌子旁，他問我問題。但他沒問到我的家人，我叫喬治告訴他，我不願意談家人和毒品的事。

一開始我很緊張。但後來我就開始想，哈利和我要怎麼花這筆錢，所以就輕鬆了一點。哈洛問我，願不願意過更好的生活，我說，願意啊。他問我哪一種生活，我告訴他我想住在養了很多馬的農場上。我總得說點什麼吧。

採訪拖得太長了。我一邊說話，一邊往門外張望，看到哈利來了。他故意慢慢走，讓我知道東西已經到手了。我告訴哈洛・道，「我講完了。」就從座位上站起來跑掉了。

哈利本來就有二十塊，所以現在我們一共有五十塊錢。把五十塊錢都拿來買快克可以買很多。哈利買到了大約三十管，半個晚上我們兩個人就把這些都解決了。

那個節目拖了一個月左右才播出。我是看錄影帶。但我聽說喬治在節目裡對哈洛・道談起我的時候，一直不停的說：「蒂娜只是在等死罷了。」我很生氣，因為這讓我聽起來像是個需要別人同情的人。我不是。我打心底知道自己不是在等死，我是在等待新生。

等到下次喬治來車站的時候，我就對他發飆。我把垃圾桶裡的瓶子往他身上丟，邊喊：「你怎麼可以那樣說我，你這個該死的混蛋！你怎麼可以在電視上說那種話！」

他把手舉起來擋在臉前保護自己，說，「蒂娜，蒂娜，好了，冷靜一下好不好？」好笑的是，電視台接到很多電話，很多看到我上「四十八小時」的人都想要我去和他們一起住。電視台幫他們跟喬治聯絡，喬治叫我回電話給其中一些人。有些人甚至真的擁有養馬的農場。我告訴這些人，很感謝他們的邀請，我想再仔細考慮一下。

在中央車站，喬治不是那種威嚇性的人物。他會對我們大喊，跟我們開玩笑，我們就會叫回去、笑回去，但住在他家裡是另外一回事。這是第一次，在他身邊讓我覺得不自在。因為之前他是在我的地盤，而現在，我卻在他的地盤上。

喬治和海麗葉的房子是一幢褐石高級住宅。海麗葉的父母住在二樓，三、四樓則出租給別人。喬治和海麗葉住的是一樓和地下室，後面有一個花園。

他們住的地方很高雅，跟我之前想像的一樣。我是在僅有基本生活設施的貧民窟和廉價旅館長大的，但現在，我來到了上城東區的高級住宅，房子裡有大螢幕的有線電視，配備洗衣機和烘乾機的洗衣房，還有儲滿食物的超大冰箱。

客廳還有喬治和海麗葉的臥房在一樓，後花園的入口也是。一座精心設計的螺旋梯通往樓下的廚房和飯廳，還有艾比的臥房，以及一間她用來當作起居室的房間。電視就擺在那兒。事實上，樓下可以說是艾比自己的小天地。海麗葉會到樓下煮飯，我們也都在那兒吃飯，但海麗葉和喬治多半還是留在樓上。

第一天下午我在電視前面度過，躺著喝可樂吃洋芋片。我覺得不太舒服，也很擔心要跟艾比見面。她放學回家時，海麗葉把她帶下樓。艾比只有十一歲，讀六年級，但長得很高。她看起來像個青少年。「她是蒂娜。」海麗葉說，「她會在這兒住上一陣子。」

艾比說了些類似，「噢，好啊」之類的話。海麗葉之前應該已經跟她說過我的事了，因為她看起來並不驚訝。

艾比說，「你喜歡MTV嗎？」我問她MTV是什麼東西，她以為我在開玩笑。她拿起遙控器，砰的一聲坐到沙發上，轉到MTV台。在中央車站，我有過幾台隨身聽，我很喜歡音樂。所以我覺得MTV這個東西很棒。我第一次可以看見音樂，不光只是聽而已。

「我有五雙球鞋，」她告訴我，「所以你喜歡的話儘管借一雙去。」

我想艾比喜歡有我在這兒。她是獨生女，我可以跟她作伴，她讓我覺得非常自在。

第一晚，我在兩點半的時候醒過來，以為自己還在中央車站下面，睡在哈利的地方，然後才意識到我是蓋著被單躺在床上。所以我又以為我還在醫院，直到轉頭看見艾比睡在另外一張床上，我才想起我在哪兒。

這有點恐怖。我住在喬治和海麗葉家裡，睡在他們女兒的房間，穿著她的睡衣，而且兩個禮拜以後我還要離開這兒，到鄉下的戒毒中心去。我覺得這不像是我。我下床走到鏡子前面，但房間裡光線太暗，除了一點輪廓之外我什麼也看不到。

我坐在門前的台階上抽煙。五月了，這是個暖和的晚上，但我的手發著抖。甚至抖到很難點菸。路上幾乎沒有人，也沒有車。再度置身夜晚之中讓我覺得心情舒暢自由。城市就在我周圍，像個老朋友，然後我想到現在的我多麼安心自在。我開始想到這是離開的時候了，回到中央車站去，享受夜生活。我捻熄香菸，回到屋裡。

如果第二天早上你看到我們，一定會覺得我們不過是電視上常見的平凡家庭，坐在餐桌前吃著煎蛋和果汁，一邊說著今天要做的事。然後喬治匆匆出門，我和艾比洗碗的時候，她的朋友來找她一起走路上學。家裡只剩下我和海麗葉。她正在喝第二杯卡布奇諾。

她告訴我她跟我媽聯絡上了。我的家人已經搬出廉價旅社，住在市政府替他們找的一戶公寓裡。「我有她的新電話號碼。」海麗葉說。

我把它塞在口袋裡，過一個禮拜，我才鼓起勇氣打電話。

打電話給我媽的時候，她的態度很親切。她說羅比和潔西卡都很想我。她告訴我，「海麗葉說了你很多好話。我很高興你終於振作起來了。」

「那，我走之前可以過去看看你媽，跟你道別一下什麼的。」我媽說當然好。

我告訴海麗葉我打了電話，還有我想在走之前去看我媽，她說，「那天我們就好好慶祝一下母親節。」

很奇怪。在家裡的時候，家只是我想逃開的地方。但一旦真的離開了，我又總是非常非常想念我的家人。

＊＊＊

我在愛波身上和中央車站找到了另一個家，一個我不想逃離的家。愛波住院的那幾個月，我遵守諾言，待在中央車站等她回來。因為愛波是我唯一真正關心的人。

住在中央車站讓我覺得很自由。沒有人會對我頤指氣使，叫我做這個做那個。白天我們大部分時間都在布園公園晃，鍋爐室是我第一次被逮捕的地方。那天晚上，那裡只有我、法蘭西斯他的兩個朋友，當時正是午夜，我們都睡得很熟，一開始我還以為在作夢。然後我醒了過來，發現不是夢：有三個警察站在我們身前，大喊著我們被捕了，罪名是非法侵入。

我從來沒想過會因為待在鍋爐室就被逮捕。每個警察都知道我們在那裡。等到每個人都開始吸快克的時候，他們才把我們當成真正的問題。但我們那晚之所以被逮，可能是因為要充業績吧。他們要充業績時，就會來一次大掃蕩。

他們給我們上了手銬，把我們帶到車站樓上的城北分局，然後又把我們送到市中心的中央總局。到了總局，他們把我送到地下室的牢房，叫我和其他幾個女人排好隊，脫下鞋帶、皮帶，拿掉頭髮上的東西，像是髮夾之類的。然後把其他所有人都趕進一間大牢房，裡面已經有很多女人在。我嘛，他們把我關在走廊盡頭兩間比較小的空牢房間，他們說這是因為我還未滿十八歲。

我的牢房有一張長凳，一個水槽和馬桶。在等著見法官的三天期間，我就待在這裡。三天我都睡在那張板凳上，三天都吃香腸三明治和冷茶，他們給的食物就只有這些。三天嚴重缺乏尼古丁，因為要不是剛好在被逮的時候身上有一包香煙，進來以後根本沒辦法弄到煙。三天都在牢房中間的那個馬桶上廁所，在不時可能經過的任何人面前。

我看不到其他的女人，不過可以聽見她們的聲音。從我聽到的，還有一開始我們在一起的時候看到的，大多數女人都是妓女。我可以聽見她們的說笑聲，講著皮條客，誰很酷，誰是混蛋，咒罵自己被關在這裡。她們說這是「停工期」。

我的罪名「非法侵入」並不是重罪。法官說我的刑期可以相抵，也就是說我被關的那三天已經夠了。坐車回中央車站的路上我告訴自己，我完成了我的「初體驗」。如果以後再被抓，我將會知道發生什麼事，而且可以應付得來。有點好笑的是，我甚至覺得自豪呢，我等不及要告訴愛波這件事了。

我們不能再回鍋爐室裡睡了。不過愛波的幾個其他朋友：賈霸、邦妮、奇威住在軌道盡頭的廢棄車廂裡，他們說我們可以過去一起住。要到那列車廂上得從四十五號出口過去。月台的盡頭有長長的柵欄，爬過柵欄，再走過鐵軌，穿過隧道牆上的一個出口。牆的另一邊是另一區的隧道，就在公園大道下面，那裡有個小小的堆貨場，停著幾輛舊火車。

我們的車有三節車廂。座位都被拆走了，有人在窗戶上噴了漆，好讓外面的人看不到裡面。我們用蠟燭和手電筒當照明。第一晚到那兒去，我們圍著燭光坐下來喝啤酒，賈霸的表弟奇威開始傳遞大麻煙。邦妮問我，以後是不是要跟他們一起住。我說，大概吧。

「她的家人很差勁，」瑪莉亞說，「她要在這裡等愛波回來。」

「老天，」邦妮說，「至少你還有家人啊，如果我有家人的話，我現在就會在大冒險遊樂園（Great Adventure），而不是坐在這輛爛火車裡哈大麻煙了。」邦妮說她是在寄養家庭長大的，因為她媽是個毒鬼，所以她一出生就帶有毒癮。她叔叔在她十歲的時候就把她趕到街上去賣淫，讓她賺錢供應他吸毒。我說，「哇，十歲到現在嗎？你在街上已經過了這麼久了？」

「對啊，」她說，「就是那麼久。」她把啤酒空罐捏扁，朝著一扇車窗丟過去。「我真想離開紐約，紐約是個萬惡之城。」

我沒辦法瞭解為什麼有人會想離開紐約。對我來說，這場大冒險才正要開始。

＊＊＊

艾比放學以後我和她一起玩，有時候還加上她的朋友。下雨的話我們就坐在家裡，吃爆米花，看MTV。天氣好的話我們就到公園或披薩店去，不然就在街上逛逛。

艾比和她的朋友都喜歡溜直排輪。光是坐在公園的凳子上看她們溜，就讓我覺得很高興。好像重回孩提時光，沒有任何煩惱，非常輕鬆。

艾比知道我的事，也知道我是從哪兒來的，但對她來說算不了什麼。因為喬治和海麗葉本來就為遊民工作。有時候她會發表一些意見，像是我們走過人行道上躺著的乞丐身邊的時候，她會說，「噯，你認識那個人嗎？」但她這麼說只是在開玩笑而已。我從來沒有因為她的話而覺得尷尬過。

喬治有時候會對我很嚴厲。我猜，他這麼做是希望我不要臨陣退縮。但他的態度還是會讓我生氣。他老是提醒我，這是我最後的機會，必須好好把握。

預定到撒馬利亞村的幾天前，我看著海麗葉做晚飯。她說她覺得吃早飯的時候，我對喬治說的一些話太尖銳了，等他回家，她希望我道歉。

我告訴她，「他又不是我爸，何必道歉。」

「聽好了，蒂娜，」她說，「我不喜歡你講這種話，我們是想要幫你啊。」

「我可不記得要求過人家幫我。」

海麗葉搖搖頭，繼續攪拌義大利麵醬汁。我跑到隔壁房間，在艾比身邊坐下，她很專心的在看MTV。我想著，我才不要忍受這些鳥事，我要離開這個該死的地方。

可是我沒有。雖然很難承認，但是讓海麗葉來告訴我：「你應該這樣那樣做」，讓我鬆了一口氣。我的身體和精神都已經徹底疲倦，真想停止和自己、和世界的對抗。愛波已經不在了，這種對抗還有什麼意義？

但很多次我在半夜裡因為惡夢而驚醒，心跳不止，汗流浹背。只好坐到外面的石階上抽煙，想讓自己冷靜一點。有些晚上，我會覺得自己是世界上最幸運的人，因為我有地方睡，有張真正的床，每天早上起床的時候還可以沖個涼或泡個澡。但有些晚上我又感到那種疼痛，因為太想吸快克而產生的疼痛。某個角度看起來，中央車站對我已經像是另外一個世界了。不過，事實上，它又和我這麼接近。只要坐上幾分鐘地鐵就可以到達。這是無止境的掙扎，因為你必須和自己心裡的念頭和以前的記憶對抗。

有時候，喬治晚上回家會喝上一杯酒。海麗葉偶而也會陪他喝。有一天晚上，我坐在門外的石階上抽煙，一邊努力克制毒癮。我知道他們把酒放在水槽下面的櫃子裡。我想，來上一小杯應該沒什麼關係吧。至少沒有吸毒那麼嚴重。

我打開廚房爐子上的燈，倒了一大杯柳橙汁，然後拿出喬治的伏特加，倒了好幾滴在柳橙汁裡面。伏特加是我以前最常喝的酒，僅次於黑莓白蘭地。

我坐在門口的石階上啜飲著，漸漸放鬆下來。那之後每隔一兩天晚上我都會喝上一杯，如果喬治和海麗葉不在家的話，我就喝得更多一點。喬治的伏特加幫我度過了很多個夜晚。

母親節那天，海麗葉替我們拍了照片。我、我媽、羅比和潔西卡，在科尼島上。

那是個陰天，天色灰暗。我穿著海麗葉買給我的新衣服：牛仔褲和厚棉布夾克，綠色條紋襯衫，白色的蓋普帽子。潔西卡戴了眼鏡。我以前從來沒看過她戴眼鏡。羅比五歲了，不過看起來比五歲瘦小得多。他等不及要騎摩托車。有一張照片是他坐在摩托車上，抓著把手，看起來就像世界上最幸福的小孩。

當初我媽告訴我懷了他的時候，我要她拿掉，總之我不願意她生羅伯的小孩。因為我知道一旦如此，我們就再也甩不掉羅伯了。但她不肯。我以為我會永遠恨這個小孩。直到我第一次看到他。他哭著，是個滿嘴沒有牙齒的軟趴趴的東西，我媽把他放到我懷裡，他馬上不哭了。我低頭看他，紅通通的小臉，大眼睛，小小的手腳，那一秒鐘起，我就開始愛他了。

我也有一張我媽那天拍的照片，跟我和羅比一起在遊樂車前面，她的臉上空空洞洞的沒有表情。我老是不瞭解她的感覺。現在，我看著那張照片，就好像在照鏡子一樣，我臉上也有那種空洞的表情，因為我也一直在掩飾自己的情緒。

有時候，因為行乞或偷竊，我手邊有些餘錢，我會把錢放在信封裡，到他們住的旅社去，把錢放在門前的櫃子上。五塊錢或十塊錢，有幾次是二十塊。如果潔西卡生日的話，我還會多放一張生日卡。如果是特殊節日的話，我就放聖誕卡或是復活節卡片，他們從沒有跟我提過這件事，我也沒問過。不過，如果先拿信件的是羅伯，他可能會先打開信封把錢拿走。這是我唯一能為他們做的事，但我永遠也不知道他們拿到手上的錢究竟有多少。

那一天，道別非常困難。我擁抱了我媽，我也緊緊的抱了潔西卡和羅比。想到他們必須經歷那些讓我離家的所有事情，讓我覺得很傷心。沒有力量改善他們的生活，讓我很難過。

轉身以後，我沒再回頭。

在喬治和海麗葉家的最後一晚，我沒睡。明天我就要開始新生活了。我會離開這兒，到陌生的地方去，認識新的人。我之所以沒有逃走只有一個原因：中央車站。它還在那兒，哈利、柯瑞、法蘭西斯、貝芙麗、杜恩還有其他人，他們還在那裡，而且大多數人都會在那兒待下去，除非死了，或去坐牢。如果我願意的話，隨時都可以回去。

第二部

撒馬利亞村是在皇后區范威克高速公路旁一棟平凡的磚造建築裡。外面沒有標示，你根本不會發現這裡有一家戒毒中心。這裡有兩種人，一種是像我這樣的新人，一種是第二次進來的老人。也就是說，他們已經參加過州北部的療程，現在又回到撒馬利亞村，住在這裡，有固定的工作。對他們來說，撒馬利亞村就像是中途之家一樣。

我以為我得馬上住到鄉下去，不過他們告訴我，我必須先在皇后區住一個月，戒掉毒癮。我跟那個叫做溫蒂・卡普倫的女人說，我已經戒掉毒癮了，可是她說，規矩就是這樣。他們不會把人直接送到北部去。他們的理由是，剛來的那些人腦子還想著毒品，對其他人可能會造成不良影響。

我和護士去完體檢後，溫蒂說，「我要跟你問一些資料。你要海麗葉到其他房間等一下嗎？」我告訴她不必，我沒有什麼好隱瞞的。

溫蒂想瞭解我的家庭狀況和童年生活，不過大多數問題還是跟我的毒癮有關。我告訴她十二歲第一次吸大麻的事。我住在阿斯托里亞的時候，附近的街上有一家糖果店，不過糖果店只是幌子。店裡的架子上掛著袋裝洋芋片，櫥窗裡也擺了一些糖果，剩下的半間店都是空的，裡面除了一個站在塑膠玻璃櫥窗後面賣大麻的男人之外，什麼也沒有。

學校裡有個男生有一次講到吸大麻的事，我說：「對啊，我知道到哪兒去買。」他把錢給我，第二天我就帶了一袋到學校。我們一起試抽。我想他也是第一次。

事情就是這樣開始的。我和一個朋友潘蜜拉每天早上都會跟那個塑膠玻璃櫥窗後頭的男人買一袋大麻。一袋三塊錢，用我的零用錢，或是用她的。然後我們就溜到公寓後頭沒人看得見的地方開始抽。我們會吃吃的笑，嘴巴變得很渴，肚子變得很餓。我十二歲的時候，有一段時間，幾乎每天上學以前都會先抽大麻。

我告訴溫蒂，認識愛波的時候，我整天幾乎只做一件事，就是抽大麻，還有喝點小酒。我是在中央車站才開始接觸別的東西的。她想知道這部分的事。事實上，她很想瞭解生活在中央車站究竟是怎麼一回事。

＊＊＊

對我來說，中央車站的生活是一場冒險，那種小孩在圖書館的故事書上讀到的瘋狂冒險。肚子餓從來不是問題。很多教堂都提供免費食物給遊民，只要記住時間表就好了。平日聖麥可提供早餐，聖約瑟夫提供午餐，禮拜天兩家教堂都提供晚餐。星期一到星期五，救世軍總部，或是萊辛頓大道的聖凱薩琳教堂都可以吃到晚餐。星期五和星期六，聖安德魯也有晚餐提供。救世軍和有些其他教堂也提供假日餐點。

還有，一週七天，救世軍和遊民聯盟都會派餐車到中央車站去。救世軍的餐車上可以吃到三明治和熱湯，有時候還有墨西哥菜。遊民聯盟的餐車可以拿到三明治和牛奶。

我們會在布園公園混一整天。玩飛盤，隨處躺在陽光下的毯子上，喝啤酒。入夜以後，我們就回到廢棄車廂裡，喝啤酒，抽大麻，歡鬧大半個晚上。

住在車廂裡唯一的缺點是會變得髒兮兮的。有時候你可以到女廁所去洗臉洗手，不過要看是那個清潔女工輪值。有些女工很壞，只要一看到我們，就會把我們趕出去。

就算真的進去女廁所盥洗，我身上的其他地方還是越來越髒。天氣很暖和，我們又在布園公園跑來跑去，弄得全身汗且髒兮兮的。然後你得回到車廂上，爬過那些鐵軌，身上會沾染塵土和煤灰。我覺得自己看起來像個衣裳襤褸的無賴。我身上發臭，已經髒到就算洗臉洗手也沒多大用處的程度了。

我到那裡的第三個禮拜，邦妮帶我到某一條軌道後面她洗澡的地方去。那是個很大的銀灰色老舊洗臉台，是給工人用的。不過偶爾可以趁他們不在的時候，偷偷溜進來用一下。把衣服全脫了，爬進水槽裡，差不多就像洗個真正的澡一樣。我出來的時候，水全是黑的。

還有個淋浴的地方，我們不時也會用一下。那是在更低一層的工作區域裡面，是法蘭西斯帶我去的。那只是個有自來水的水管，但它裝得很高，你可以站在下面沖。工人們把東西都放在這裡，水管、桶子、大袋的水泥。

要小心注意沒有人才能進去。通常只能禮拜天去。我們沒有肥皂，毛巾，就連乾淨的衣服也沒有，所以洗完以後只能把髒衣服又穿回去，或是把最上面一層的衣服扔掉。反正最上面的衣服總是最髒。

賈霸的表兄弟奇威長得非常好看，黝黑的皮膚，捲頭髮，大概十八歲。我初到那裡的時候，最喜歡的就是他，他是那種會幫女孩子開門的男生。

我身上開始變得很癢。有時候癢到難以入眠。我注意到手臂上出現了粉紅色的小疹子。有個禮拜天，我脫光衣服正要洗澡，卻覺得內衣底下很癢，脫掉內衣時，我看見很小的小蟲在衣帶上爬來爬去。我大叫了一聲，站在一部堆高機旁邊把風的法蘭西斯說，「怎麼啦？」我只回答，「噢，該死！」因為我知道整件內衣都有蟲。我把它丟到一堆桶子後頭，以後在中央車站的日子，我再也沒穿過內衣。

但僅僅這樣做趕不掉我身上的小蟲子，原來我身上已經長滿了蟲子，就連淋浴也趕不走它們。法蘭西斯告訴了瑪莉亞。她幫我從藥房偷了一種藥來，可以擦在全身，把蟲殺死。她說，「用不著不好意思，我們身上也都有蟲。」

擦了藥以後，我身上還是有一些蟲。多數藏在頭髮裡面。只要我感覺它們在頭皮上爬動，我就會不停把它們抓出來。

愛波住在艾賀斯的那段時間，我都住在廢棄的車廂裡。我幾乎每天都跟她通電話。她會告訴我病房裡精神病患的好笑事。掛上電話之前，她總會說：「你會待在那兒等我回去，對不對？」她要我等她，我受寵若驚，我想就算車站被燒掉了，我也會留在這裡不動的。

柯瑞大概在夏末時出現，那時我只是看到這個可愛的年輕人在候車室裡走進走出。也許是因為我們這群人的年紀跟他差不多吧，他走過來跟我們說，他的錢包剛在男廁所的洗手台上被偷了。

他說，「你們有沒有人知道是誰拿的？」他問賈霸，我猜是因為看到他剛才也在裡面。

賈霸說，「沒有，老兄。不過人在紐約，實在不應該把貴重東西隨便亂放。我敢說你是外地來的。」柯瑞說他剛從喬治亞州上來，現在很想回去。他已經看過紐約，並不喜歡。不過現在他走不成了，因為他的錢全丟了。所以瑪莉亞和法蘭西斯叫他到大廳去討錢，不要多久應該就可以湊夠錢回家了。

柯瑞確實賺了一些錢。幾個小時之後，他回來問說，「哪裡可以買票？」

「你買票幹嘛？」賈霸說，「我們去買點啤酒吧。」

柯瑞說好啊，我們還買了一些大麻，那晚我們回車廂睡覺的時候，柯瑞也跟我們一起。因為他現在既沒有錢買票回家，也沒有地方睡覺。第二天，賈霸把他偷的錢包還給他，當然裡面的錢已經沒了。賈霸說是在車站前面的垃圾桶找到的，柯瑞很感激，他一直不停的說，「哇，你找到我的皮夾了，老哥，謝謝你。」

柯瑞就是這樣開始跟我們混在一起的，很快的，他大部分的時間就跟著我同進同出。再過一陣子，柯瑞變成了我的男朋友。你知道那隻卡通影片裡的杜賓狗嗎？柯瑞就有點像那樣。有點笨拙，可是同時又很貼心，我說什麼他都會照做。他的腳很大，所以動作看起來有點遲鈍。柯瑞和我成了一對，就算我們不在一起，也一定知道對方在哪裡。

他想跟我上床，但我告訴他，「這個嘛，我還沒有準備好，我想等到我多瞭解你一點再說。」柯瑞總是非常紳士，他讓我決定。

柯瑞教我吸天使塵。那是綠色的，看起來像葉子，聞起來像薄荷，裝在小袋子裡，跟大麻一樣。你把它跟大麻一樣捲起來，只要吸個兩口，就會飄飄欲仙。

我覺得吸天使塵很棒。吸的時候，你可以變成任何人，可以做任何事。柯瑞告訴我，有人吸了以後從垃圾堆上跳下來，因為他覺得自己會飛。柯瑞也告訴我，吸這個要小心，因為這種東西很危險。吸得很多的時候，你可能搞不清楚自己做的事，甚至殺了人都不知道。

大概八月底的某一天，我和柯瑞在下面抽天使塵，奇威跑下來說，「喂，蒂娜，愛波回來了！」我到上面候車室的時候，那裡一片大騷動。愛波跑來跑去，跟每個人擁抱，喊著「我回家了！我回家了！」我高興得不得了，簡直不敢相信她真的就在眼前。她緊緊的抱著我，說，「我好高興你聽我的話在這裡等我！」

原來醫院不准她出院，她是溜出來的。她媽媽帶她去餐廳吃飯，愛波跟她說要去上廁所。她媽說，「我知道你要溜了。趁我沒在看你的時候走吧。」愛波說，「好，拜拜。」然後就走了。我帶她到下面去，介紹柯瑞給她認識，他給了她一些天使塵。我們一起吸。她很喜歡，覺得那是她試過最好的東西。

＊＊＊

溫蒂幫我填完報到手續以後，向我解釋這個中心的戒毒療程：這兩年要怎麼過——一年或一年半左右待在北部，看狀況決定待多久，其餘時間回皇后區的「入境處」（Re—Entry）。還有，我得簽一些東西。我沒有真正弄清楚那些文件是什麼東西，不過海麗葉知道，這就夠了。然後溫蒂叫「入境處」的職員進來，讓她帶我到房間去。海麗葉要我寫信給她，我們互相擁抱，我不想鬆開手。

待在皇后區的撒馬利亞村一點也不刺激。看電視，吃飯，在康樂室消磨時間，多半只是等著到北部去，所有課程和團體活動都是在那裡才開始的。

熄燈時間是九點，只有「入境處」的幹部可以晚一點睡，不過大家都得在六點以前起床。最愉快的是幹部帶我們到公園去。我們不可以自己單獨去。公園裡有鞦韆、籃框，還可以打拳擊沙包。

大樓的門總有警衛看著。想走的話你隨時可以走。不過，一旦走出去，就不准再進來。每次我經過那幾扇門的時候，都想過要離開。但有兩件事阻止了我：我想到回中央車站以後要面對的情況——完全一無所有——還有，我不想讓海麗葉失望。

在這裡我沒有真正的朋友，大部分時間都獨來獨往。因為人家一旦開始瞭解你，他們就會看穿你堅強的偽裝。這種事情絕不能發生，這樣一來，就沒有東西能保護你了。

所以，我看很多電視，讀書。我有一些辛頓的書，在醫院的時候就開始讀了——《旁觀者》（The Outsiders）、《此一時，彼一時》（That Was Then,This Is Now）。小時候我讀過很多書，除了電視以外，看書是我的主要消遣，尤其是我們住在馬丁尼克旅社的時候，因為那裡就連大廳都很危險，喝醉酒的人打架，毒鬼也在那裡吸毒。除非上學或是出去買食物，我媽都叫我們待在房間裡。所以，有一半時間都在看書，我自己沒有書，不過會從圖書館借。

七年級的時候，我看了《湯姆歷險記》和《頑童流浪記》。我非常喜歡這些書，夢想著我也能做這些小男孩做過的事：逃家，出去冒險。

要到北部的前一晚，我睡不著。我一直急著要到那裡去，現在卻又怕得要死。去了以後到底會怎樣呢？如果我沒辦法適應呢？那裡真的好遠。我一直告訴自己，喂，你不必去，不必做自己不想做的事。門沒鎖，想離開的時候隨時可以走。搭上地鐵，搭往……搭往……。

一大早車就要開。因為整晚沒睡，我睡眼惺忪。不過我沿途盡量注意著，這樣，如果我想回去的話。但這段路車子整整開了兩個小時，大半時間我都在睡覺。

州北部的撒馬利亞村有四五棟建築物，都漆成白色。圍繞著建築物的只有草地和樹木。這輩子除了在中央公園，我還沒看過那麼多樹。這裡還有一個游泳池、一個籃球場、一個手球場。超過二十一歲的人分到成人區，其他的人則分到YDA。我問室友YDA是什麼意思，他們也不知道。有個女生說，那是「少年毒癮患者」（Young Drug Addicts）的意思；另一個人告訴我，那是「少年大笨蛋」（Young Dumb Assholes）的意思。

第一天到的時候，YDA導師南西・克魯茲帶我進她辦公室，跟我介紹這個地方。一開始，要先在「新生訓練班」幾個月，學習規矩和道理。然後晉升「初級班」。表現不錯的話，就進到「中級班」，然後是「高級班」，最後他們會把你送回皇后區的「入境處」。

一開始，我最好的朋友是珍妮塔。她是我分配到的大姊姊。每個新生都有大姊姊。他們告訴我，有事的話就找珍妮塔，不過多半我都是自己一個人，不跟任何人親近。

我被安排跟其他三個女孩子一起住。房間裡有兩組雙層床，兩張大書桌，必須跟其他人共用。每個人可以分到三個抽屜，有些房間附有浴室，不過我們這個房間跟另外一間連在一起，必須八個人共用衛浴。我試著一次一天慢慢來，就像那個導師南西告訴我的一樣。

在新生訓練班的時候，每個人都有一個伙伴，不能單獨行動。第一晚，大家都坐在YDA後面的草地上抽煙、說笑。那裡有一塊又大又平的石頭，我伸直了手腳，躺在上面。這裡是這麼美麗又寧靜。就連在晚上，草地和樹木都非常好聞。

我點了一根煙，抬頭看著星星。我可以看到小北斗七星，跟中央車站天花板上面的一模一樣。這裡的天空廣闊，包覆著整個世界。我覺得很安全，很安心。有這樣一片天空在我頭頂，什麼壞事都不會發生。我想起愛波，希望她可以從天上俯視我，看見我在這裡。

***

有一次我和愛波在回中央車站的路上撞上我媽，真的是「撞上」她。當時，我正幫愛波從人行道上走下來，我啪的一下就撞到這位女士身上。這位女士呢，就是我媽。

我們跟我媽一道去我家，我就是這樣又搬回家裡住的，那時她住在布朗克斯區富德漢路的公寓，那是市政府幫我們找的房子。我媽說，如果我答應住在家裡，九月的時候回去上學，愛波就可以留下來跟我們一起住。愛波似乎覺得這個主意不錯，不過我很懷疑她能待多久。愛波很好動，一件事做了一會兒，她就會跑去做下一件。

跟愛波在一起，家裡每件事情都不一樣了。我那糟糕的家庭沒那麼煩人了，因為我覺得我是跟愛波住在一起，不是跟他們。羅伯和愛波彼此幾乎不說話，而我媽，也從來不說什麼。她也沒多問愛波的父母到哪兒去了，愛波為什麼沒跟他們住在一起之類的問題。

有一天晚上，羅伯不在家，我媽帶小孩到阿姨家吃飯去了。家裡沒什麼東西吃，不過愛波在櫃子裡找到一包通心粉，煮好以後放在大碗裡，然後在上面加了一大堆香草冰淇淋。

「小時候我常常這樣，」她說，「我媽一不在，我就把一些奇怪的食物混在一起吃。」

她告訴我，她爸媽在她和哥哥還小的時候就離婚了。她哥哥大部分時間跟爸爸住在加州。愛波十二歲的時候，他媽讓她去那裡住了兩個星期。她玩得很高興，他們去了大波浪海岸（Big Sur）和舊金山。結果愛波回家以後變成一個討厭鬼，因為她想跟爸爸和哥哥一起住。最後，她媽終於受夠了，把愛波送上飛機，打電話給她爸，說，「你最好再到機場去接你女兒。」她爸去了，可是馬上又把她送回紐約。

「他們橫越全國打乒乓球，」她跟我說，「我就是那顆球。」

「所以你媽得留下你囉？」

「不對，她被惹火了，就把我送去跟她媽媽一起住，在德國。糟透了。別人說的話我一句都聽不懂，我外婆又叫我吃披薩要用刀叉。」

愛波的哥哥崔維斯在十七歲車禍喪生，當時愛波十四歲，住在西徹斯特（West Chester）的青少年之家（Group Home），聽到消息後就崩潰了。他們把她送進一間小型私人精神病院住了一個月，開藥給她吃。她告訴我，在家人當中，她唯一真正關心的就是崔維斯，而唯一關心她的人也是他。她對我說，「我希望以後跟他一樣那個年紀就死掉」。

羅比現在會走路了，不管看到什麼東西都會跑過去。必須有人看住他，通常我很願意這麼做。事實上，再次回家最大的樂趣之一就是可以陪著潔西卡和羅比。

周末的時候，愛波和我會到附近的公園去消磨時間。我們跟一些男生碰面，抽抽大麻煙，沒什麼了不起的。我要上學的日子，愛波就跟我媽一起留在家裡。晚上我做完功課以後，我們就看電視、下棋、玩牌。住在家裡好像沒那麼糟糕，至少有愛波在的時候是這樣。所以，我媽把愛波趕出去的時候，我覺得像是世界末日。

那一晚隔天不必上學，我們去了公園回家已將近午夜。我媽已經睡了，但她在廚房餐桌上留了一張紙條，上面寫著：「你房間亂七八糟，愛波喝了太多牛奶，所以愛波得走路。」

愛波馬上回到我們的房間，開始把衣服塞進購物袋裡。我一直求她留下來，可是她說，「我才不要留在不受歡迎的地方！」然後就走出門外。

我叫醒我媽和羅伯。我很生氣，把那張紙條拿在手上揮舞著，一邊叫道：「這算什麼？這算什麼？你是什麼意思，為什麼她喝了太多牛奶就得走？」那是我第一次咒罵我媽。

「她非走不可，就這麼決定了。」我媽只說了這些話，羅伯用枕頭蒙住了頭。

我躺在床上哭。過了一會兒，我下床，穿上幾層衣服——牛仔褲和運動褲、T恤和運動衫——把所有的錢都帶在身上，我的全部財產也不過幾塊錢，悄悄走出公寓，在門口看見的不是別人，正是愛波。她坐在石階上，包包放在膝蓋上，吞雲吐霧抽著煙。

「我就知道你會來，」她說。我在她身邊坐下，「我在這裡什麼都不是，我也要走。」

她把煙丟到街上，從袋子裡拿出一個小小的塑膠連鏡粉盒和一隻口紅。打開粉盒，開始塗口紅。口紅是紫紅色的。「我正在想著，我們可以到佛羅里達去，」她告訴我，「那裡是從頭開始的好地方。」

「我一直想去佛羅里達看看。」她把粉盒和鏡子收起來，從口袋裡拿出一把折疊小刀，在指尖劃了一道口子。擠壓傷口，讓血流出來，鮮血凝成一顆小小的紅珠。她把刀遞給我，我坐著不動，只是看著她。

「割啊，」她說，「快割。」我必須強迫自己才做得到。我閉上眼睛，很快的把刀鋒擦過手指頭。「我們的血溶成一體了，」我們的手指碰在一起的時候，愛波輕聲說。「我們現在是血肉相連的姊妹了。你血中有我，我血中有你，就算身體不在一起，精神也永遠在一起。」

然後她靠過身來吻了我。

我們第一次搭上的便車帶我們來到了紐澤西州的伊莉莎白。我們在一個貨車休息站走來走去，想找去佛羅里達的車時，就被州警逮住了。他們說我們看起來怎麼也不像十八歲。

結果我們被送到逃家小孩收容所。不過，在他們過來處理我們之前，我們就從後門逃跑了，然後找到回曼哈頓的車，坐回三十四街。回中央車站之前，我們先去了梅西百貨，因為愛波需要乾淨的內衣。我們選了一些內褲，走到更衣室穿上，就這麼直接走了出去。我們選了克麗斯汀・迪奧，因為愛波說這是最貴的牌子。

＊＊＊

初到撒馬利亞村的時候，有好多次我都夢到中央車站。還有愛波。有時候是惡夢，有時候我會夢到住在隧道裡的怪人，但多半還是跟快克有關。我會夢見我在街上晃蕩，找快克。或者從正在吸快克，HIGH到最高點的夢裡驚醒過來。我的心怦怦的跳個不停，我可以聞到那種熟悉的氣味，嘴裡也可以嚐到花生燒焦的味道，一切是如此真實，一點也不像作夢。

新生訓練班的生活是這樣的：六點半起床。到成人區的自助餐廳吃早餐，朝會，上新生訓練班的課。上課地點在YDA大樓的客廳，上課時間分別是午餐前和午餐後。這是他們教你規矩的地方。我們也得記住所有導師和幹部的名字，而且，你還得把撒馬利亞村的「哲學」背起來。每天朝會的時候大家都會朗誦。

在撒馬利亞村的整整一年，每天朝會，我都跟著其他人一起說這些話。它變得像是一首常常唱的歌，話語本身逐漸失去了意義，只剩下單調的聲音。等到離開以後，我才開始體會到那些話的意思。

除了朝會之外，新生訓練班的人還要參加全體會議，這是每天晚上飯後的一般聚會，此外，還有個案會談。個案會談一個禮拜開一次，成員包括大約二十多個來自其他團體的人。就像團體治療一樣，有一位導師主持。參加者必須談論個人的事情，例如你過去的經歷、為什麼會來到這裡等等。但很長一段時間，在個案會談裡，我什麼都說不出口。我不喜歡對著滿滿一房間陌生人掏心挖肺，吐露心事。

我在個案會談的導師叫陶德，我們先做了個別談話，討論我的治療計畫。包括我需要做哪些事、有待解決的家庭問題等等。同時，陶德也安排我結束新生訓練班的課程以後，開始上GEO（學力測驗）的課程，準備高中同等學歷測驗。

新生訓練班的人享有的權利不多。我們不能用游泳池和手球場，不能寫信、打電話，除非是通知家人或朋友送東西。所以，我寫信給海麗葉和傑美，拜託她們幫我送洗髮精、止汗劑、防蚊液和防曬油之類的東西。她們總會額外送些別的東西來：洋芋片、糖果、香菸、紙牌。海麗葉還送了我一隻泰迪熊，傑美送了我一隻小花狗。我把它們都放在床上。當我從快克夢魘裡驚醒過來的時候，看見它們，讓我感到安慰。

在新生訓練班，你還必須把背誦一些「觀念」。這些觀念就像格言一樣，像是：「一次做好一天的事」，「千里之行，始於足下」，「邊聽邊學，邊學邊聽」，「不求完美，有進步就好」，「彈性就是反彈回來的能力」，「堅持到底」。

在新生訓練班，我們還得學習字彙。因為撒馬利亞村有一套自己的語言，比如說，「剪頭髮」的意思是說，因為做錯事，被導師、高級班或是中級班的人罵。如果真的犯了大錯，就算是「簽了約」，意思是一切權利都沒有了，所有的時間都得拿來打掃，做雜務。

但真正讓我覺得困擾的是他們所謂的「擺脫罪惡」。這是說，要是你違反了三項基本規則——不准使用毒品、不准使用暴力、不准談戀愛——當中的一項，就必須「擺脫罪惡」，自己自首。如果知道其他人犯了這些罪，必須告發他們。

我不可能去出賣別人，而且我也很確定，我不會告自己的密。在中央車站，那個我待的時間比撒馬利亞村還要多好幾年的地方，我們也有自己的「觀念」，其中之一就是，「出賣別人的人，也會被人出賣」。中央車站我認識的人裡頭，沒有人會告密。同時，所有我認識的人都在做非法勾當。每個人都有自己小小的「專長」，這是他們的求生之道。也許你知道做這些事不對，但你生活中的其他部分又何嘗是對的呢？

我第一次搶劫是在愛波出院的幾個月以後。

愛波有個朋友，叫做羅倫佐，他認識某個在哈林區有棟廢棄大樓的人，他給了那個人兩百塊錢，可以使用其中一間公寓。羅倫佐告訴愛波和我，我們也可以一起去住。我們在那裡待了一個月，一直到十一月，有人把全部通道都鎖起來為止。

那棟大樓老舊破爛，窗戶和地板都壞了，裡面的樑柱也掉了下來。有很多級樓梯都不見了，上樓的時候必須非常小心。十月初，我們跟著羅倫佐，挑了一層公寓，在門上加上我們自己的鏈條和鎖。那間公寓有三個房間，不過沒有家具，只有幾個凹凸不平的床墊。沒有電，沒有水，沒有暖氣，也沒有什麼東西吃。我和愛波會裹著毯子窩在床墊上，吸著天使塵，等羅倫佐帶三明治、炸雞或是漢堡回家給我們吃。

羅倫佐的年紀比我們大，也許有三十多歲。人有點藏頭露尾的，老是在看後面有沒有人跟著。他告訴我們說他曾經參加暗殺卡斯楚的計畫，這也是他為什麼到這個國家來的原因，我不知道他說的是真的還是假的。

是羅倫佐讓愛波開始吸快克的。那時我們吸的多半是天使塵，但羅倫佐是個快克上癮者，他給了愛波一個「羊毛衫」（wooly）。那是一種裡面包著快克的香菸，壓碎了跟煙草捲在一起。有一天愛波一邊抽著這種羊毛衫，一邊告訴我，「不要擔心，這樣抽不會上癮的。」下一步，她就拿起自己的煙管開始抽起來了，還跟我說，「千萬別讓我逮到你抽這玩意兒。」

現在羅倫佐和愛波都抽上快克了，所以我們總是缺錢。除了偷，沒有其他的辦法。

第一次，我們等到深夜才下手。愛波坐在附近的石階上，我和羅倫佐則在街角閒晃，盡可能看起來若無其事的樣子。愛波一看到覺得身上可能有現金的人，就會把打火機閃兩次。

他是個年輕的黑人，穿著像個大學生，或是上班族。我們跑到他身後，羅倫佐用手臂環住他的脖子，壓住他，讓我翻他的口袋。我很緊張，膝蓋直發抖。但讓我驚訝的是，這一切進行得很快，很容易。那個人非常合作，也許，他比我們更想讓一切早點結束吧。我們拿到大約二十塊錢，還有一張樂透彩券。我真不敢相信我們沒被警察抓。

那以後，大部份的晚上，我們都會到外面行搶。每搶一次，我就越來越不怕。我們會在廢棄公寓裡睡一天，到了晚上才上街，把風的總是愛波。她會在我們公寓附近選個地方坐下來，把煙管裡剩下的「松香」（resin）刮出來吸。她說剩下的「松香」是最精華的部分。不過愛波總是告訴我，「不要碰快克，如果我抓到你抽的話，我就跟你絕交。」

我答應愛波遠離快克。我抽一些大麻煙和天使塵，喝點啤酒，或黑莓白蘭地。可是越看見她吸快克吸得很爽，我就越想試試。

有一天午夜我醒過來，覺得很不對勁。我和愛波還有羅倫佐一直一起睡在同一張床墊上，彼此取暖。因為這時已經是將近十月底了，天氣冷到連可樂都在罐子裡結冰了。羅倫佐在我旁邊打著鼾，但另外一邊除了空空的床墊之外，什麼也沒有。

愛波坐在客廳地板上，面前擺著一枝點燃的蠟燭。她的頭低著，專心做著什麼事，走近她，才看出她正用刀片劃著自己的手腕，她的手上流出一條細細的血絲。

我一定是大聲叫了出來，因為她猛然抬頭，看著我，她說，「別管我」，但我跑過去，很用力的抓住她的手，刀片掉了下來。我搶在她之前撿起刀片，把它丟進地板的一個洞裡。

我想我在發抖。看見她的血把我嚇壞了。愛波穿著夾克，圍著一條絨毛圍巾，這是從某間教堂的舊衣箱拿來的。我把圍巾扯下來，包在她的手腕上止血。她又說，「不要管我」，但她沒有阻止我。我不知道她是不是真的想殺死自己，或者只是玩玩而已。我問她，「你幹嘛做這種事？」

她對我說，「今天是崔維斯的生日，我在幫他慶祝。」

我想把她弄回床上。我很睏，又不願意留她一個人在這裡，可是她不肯動。我們就坐在那兒，看著蠟燭燒盡，等待黎明。

萬聖節晚上，愛波說，「我們去要糖吃吧。」

「別笨了，」我說，「那是小孩子玩的。你玩這種『不給糖就搗蛋』的遊戲幹嘛？」

「因為，」愛波說，「我餓了。」我們沒有食物，沒有快克，而且也沒錢去買。羅倫佐昨天就出去了，要是身邊沒有男人，我才不會一個人去打劫。

「不管怎樣，」愛波說，「會很好玩的。」

「可是我們連化裝的衣服都沒有啊。」

「不，有的。我們不是正穿著嗎？」

所以我們決定扮成乞丐。我們先彼此交換了衣服，讓自己覺得穿得跟平常不一樣。我穿著愛波的破爛運動衫和寬鬆的牛仔褲，她穿著我的法蘭絨襯衫和燈芯絨褲子。我們也互相交換了外套，這些衣服都沾上了火車隧道裡的煤灰。

我們搭上往市中心的地下鐵，到四十二街的每一家店去，電影院、黃色錄影帶店、小吃店、還有所有徹夜營業的披薩店，我們也去找了每一個快克毒販。

大多數開店和開餐廳的人我們都認識，所以我們就直接走進去，大喊：「不給糖就搗蛋！」接著愛波拿出畫著南瓜和黑貓的塑膠袋，那是她從一家藥房偷來的，有些店家問我們化裝成什麼，我們說，「我們是乞丐！」他們覺得很好笑，披薩店的人給了我們每個人一片披薩和可樂。毒販都給我們快克，愛波把這些也放在南瓜袋子裡。

我們回到哈林區的公寓時，已經是凌晨五點了，袋子都滿出來了。橘子糖、雀巢的小糖棒、士力架巧克力棒，甚至還有一些干貝熊糖。我們點燃蠟燭，癱在地板上，把糖果全都倒出來平分。「三個士力架給你，三個士力架給我。六個干貝熊給你，六個干貝熊給我……」

我們把糖全吃了。至於快克，愛波跟羅倫佐分享。

＊＊＊

八月中，我通過新生訓練班的測驗，晉升到初級班。初級班的人才能享有各種權利。像是可以拿零用錢，每個星期五晚上，還可以跟著進城去。一開始可以拿到四塊錢，到了高級班，就增加到七塊錢，夠去麥當勞了，或者再買點洋芋片、糖果和香菸回來。

從新生訓練班畢業以後還可以使用游泳池、手球場和籃球場，星期五晚上可以看錄影帶，寫信收信，而且也不需要伙伴陪在身邊了。還會有一份工作。我的第一件差事是在餐廳端盤子。就像服務生一樣，不過沒有小費。

目前為止，撒馬利亞的一切大致還算輕鬆，比中央車站的生活簡單多了，因為你不用考慮要怎麼活下去。在這裡，活下去是沒有問題的，這裡有食物，有床，還有開不完的會。我已經戒去毒癮了，所以也沒有生理上的問題。最慘的是所有事情都是陌生的，而且還得和陌生人一塊相處。但是在撒馬利亞，任何一件事情都比中央車站的生活來得簡單得多，想要平安度日，只要閉上嘴巴。

天氣暖和的，空閒時間我都在外面消磨。我們分組玩手球，如果旁邊沒人，我就自己一個人玩。我也每天去游泳，在建築物四周花很多時間散步。

我最喜歡的地方是YDA後面的一塊大石頭，有時候我會躺在石頭上，選一顆星星，盯著它看十幾分鐘，直到星星看起來變得非常真實，比我自己和我渺小的生命還要真實得多。

九月的時候，我開始上課，為取得同等學力做準備。兩年前我在假釋期間，就上過GED的課。我表現得還不錯，甚至已經考過前一半的試題。我本來可能會通過的，但我跑去吸毒，所以第二天沒能來得及回來考完剩下的一半。

撒馬利亞村有一棟大樓，裡面有四間教室。課程時間是星期一到星期五，兩節課的中間吃午飯，然後是每天例行的「研討會」。研討會，我的天啊。研討會是由各個幹部主持的，內容幾乎無所不包。多半都很嚴肅，他們會告訴你怎樣防止毒癮復發，或是新聞的重大事件，但有些研討會真是世界上最無聊的事。

如果你睡著了，旁邊的人應該把你推醒。如果他不這麼做的話，班長也會逮到你，那你就得被「理頭髮」了。更高階級的人會責罵你，甚至對你大吼大叫，所以你會盡可能的保持清醒。但有些時候，研討會真的是無聊到極點，我會想，管他的，就睡吧，讓他們給我該死的「理頭髮」好了。

從新生訓練班畢業以後，還要參加另一個團體：心理治療小組。跟個案會談一樣，也是一個禮拜一次。如果這個禮拜你跟人發生爭執，你不應該跟他吵架或打架，而是拿一張紙片給他們。在紙片上寫下希望約對方在心裡治療小組見面，在這裡跟對方把話說明白，解決事情。我覺得這麼做沒有什麼意義。要是有人插隊，或說了沒禮貌的話，你當然會希望「當場」就解決。

在撒馬利亞村，他們希望改變你的一切，甚至你說話和表達自己的方式。他們老是告訴你，「你們就是想法錯誤，才會落到這種下場。」照我的看法，這是洗腦。

到初級班的五個星期以後，我被降級了，因為違反了不談戀愛的規定。那是三項基本規定之一，他們說我在新生訓練班的時候曾經違反這項規定。

在新生訓練班，不管到哪裡，都得有伙伴或是其他人跟著。所以，整個夏天，有個女孩老是要我當她的伴。如果她想回房間拿髮夾，我就得跟她一塊去。如果她把太陽眼鏡忘在院子裡，我就得跟她回去找。我可以看得出來她在對我賣弄風情，從她說的那些話就聽得出來，像是：「噢，你今天看起來很漂亮，」或者她會讚美我穿的衣服。

我們有一些身體接觸，像是接吻之類的。我從不認為我們違反了任何規定，因為我一點也不覺得那是談戀愛。

十月的時候，我們都升上初級班，這個女孩離開了治療計畫。那個星期過了幾天之後的朝會上，有個主持朝會的高級班學員叫到我的名字，告訴我，「蒂娜，你得去坐『椅子』」。糟了，「椅子」。那是成人區的一張特別的椅子，如果犯了錯，就得坐在上面，等幹部集會決定怎麼處置你。

整個早上，我都待在「椅子」上。你可能坐上幾個小時，也可能坐上一整天。一旦坐上椅子，大家都會知道。他們經過的時候，會向你說「噢，你慘了！」我真想爬到椅子底下躲起來。我拼命想著，媽的，我到底做錯什麼啦？

終於，我被叫到一個幹部的辦公室，有三個導師在那裡。我在他們指定的地方坐下來。我問他們，「拜託告訴我，我為什麼要到這裡來？」

「你來告訴我們，蒂娜，」叫做吉姆的導師說，「你有沒有罪行要坦白？」

「我沒做錯什麼事。」

「你確定嗎？」

「對，我確定。」

「真的嗎？」

「真的。」不過現在我不確定了。我一直不停的想，上帝啊，我做了什麼？

「好吧，」一個女導師雪瑞爾說，「回『椅子』去坐。」

「到底為什麼？」

「你必須再仔細想一想，這就是為什麼。」

我在「椅子」上又待了該死的兩個小時，沒吃午飯，一直到吉姆又來把我帶回辦公室為止。「現在呢，」他說，「你有沒有罪行要坦白？」

「是抽煙的事嗎？」我問。

「這又不是猜猜看，蒂娜。」

「好吧，也許是我明知違反規定還在寢室抽煙吧，但那是好幾個禮拜以前的事了，何況我只犯過一次。」

「就這樣？」另一個女導師問道。

「對。」

「請你回『椅子』去。」噢，不會吧。這下我連晚餐都吃不到了，我的肚子已經在咕嚕咕嚕叫了，就連房間那一頭的他們都聽得清清楚楚。「聽著，」我說，「不管我做了什麼，我都很抱歉。就算你們叫我在『椅子』上坐到聖誕節，我還是想不出來我到底做了什麼。拜託你們告訴我好不好？」吉姆、雪瑞爾，還有其他的導師彼此對望，然後吉姆對我說，「你違反了一項基本規定。」

「我有嗎？我犯了哪一條？」

「你是說你到現在還不知道嗎？」

「對，我真的不知道。」

所以他們就告訴我，是「不准談戀愛」那一條。「艾莉森離開計畫的時候，她坦白了所有罪行，她把你們兩個之間的事告訴我們了。」

「但那不是戀愛啊。」我說。「接吻又不是性行為，只是鬧著玩而已。」

不行，他們說，接吻也算是一種親密行為，任何親密行為都和性脫不了關係。吉姆說，「要是你跟某人太過親密，就會轉移對自己的注意力，這對戒毒治療是有妨礙的。」

「再說，如果你不能遵守基本規定，」雪瑞爾說，「就不該待在初級班。我們決定你必須回到新生訓練班，直到你的表現符合要求為止。你還要做兩個禮拜的『勞動服務』。」

「就為了接吻嗎？這一切都只是因為接吻嗎？不公平。」

「會談結束了。你可以走了，蒂娜。」

結果我回到了新生訓練班，還要做勞動服務。失去了我的一切權利。沒在上課或聚會的每一分鐘，我都在打掃，拖地板，洗盤子，掃落葉，刷馬桶。

＊＊＊

個案會談的導師陶德在十月離開了，我被分到南西那一班。這是件好事，因為她是我最喜歡的導師。她很年輕，大概二十多歲，要是周末輪到她擔任值班導師的話，她一定會載我們進城去租錄影帶。其他導師有的也會這麼做，但南西會跟我們一起坐下來看錄影帶。她是那種很容易跟大家打成一片的人，你永遠不會覺得她在這裡只是為了職責。

我終於鼓起勇氣寫信給我媽，她回了一封很友善的信給我。所以我打電話給她，她告訴我，她找到工作了，每個禮拜賺一百七十五塊錢，在校車上協助身心障礙的小孩。我想這是市政府幫她找的工作，好讓她終於不用再領社會救濟金。我告訴她，「媽，我真替你高興。」

她還說我哥哥法蘭基從加州打電話給她。他跟著我們的繼父文斯搬到那去了，但我媽很久都沒他的消息。法蘭基說他現在有工作了，做園藝。我媽告訴他我在這裡，法蘭基說他會打電話給我。我有四年沒見到他，也沒跟他說話了，我很想念我的家人。

「我想，現在該聽聽蒂娜怎麼說了，」有一天晚上個案會談的時候，南西說。

每個人都看著我，個案會談是在ＹＤＡ的客廳進行，我們這個團體大概有十八個人。我坐在地板上，靠著一張腳凳，每個人都轉過頭來看著我，滿滿一屋子的眼睛。我覺得很不自在，連皮膚都開始癢了起來。

我知道，等時候到了我就得坦白心事，這是治療計畫的一項進步標準，表示你可以面對自己的問題。到目前為止，我還沒有這麼做過。

「被降級回到新生訓練班，你有什麼感覺？」南西問我，「你可以談談這件事。」

我說，「你想我會有什麼感覺？」南西沒有馬上回答，她也沒覺得我的回答是在故意搗蛋，其實我是的。過了一會兒，她說，「嗯，我想，你一定氣壞了，也許還有點難堪。不過這只是我的看法。你要不要告訴我，我說得對不對？」

「對啦，很接近了，我想。」然後她叫我說說為什麼會被踢出初級班。我告訴她，是因為那個該死的賤人艾莉森在走之前出賣了自己，也出賣我。南西說，這不是我被踢出來的原因。她說，我之所以離開初級班，是因為違反了基本規定。

個案會談之中有一個女孩子叫羅麗塔，她是剛到這裡來的，問道，「你是同性戀嗎？」

我告訴她，「我就是我。就是我自己的樣子。」

「不是啦，我只是想知道，你也喜歡男人嗎？還是只喜歡女生？我沒有冒犯的意思，只是我從來沒有跟同性戀的人說過話，好奇而已。」

南西插了進來。她說，「蒂娜，如果你覺得不舒服，就不用回答。」

「沒關係，」我告訴她。事實上，我覺得有關係，任何事我都不想談，但我總得開始吧。我想，就從這裡開始也好。「我喜歡男人，」我告訴羅麗塔，「只是我比較信任女人。」

「哎，這不合理吧？」其他人問說。「因為，你看，你信任艾莉森，但她自己走了，還害你惹上麻煩，只知道自己跑路，只顧她自己。」

南西點出艾莉森不是要讓別人惹上麻煩，只是因為承諾過要守規矩，所以就遵守諾言罷了。南西說艾莉森的行為不代表她不可靠，她只是誠實而已。

「不管怎樣，」我說，「我就是覺得男人沒有女人可靠。」

「跟男人有過不愉快的經驗嗎？」南西說。

「也許吧。」我想到我父親，他和我媽老是吵架。我想到羅伯，還有我媽的其他男朋友，我想到我認識的其他男人。

＊＊＊

我正在候車室閒晃的時候，那個人跑過來問我有沒有煙管，抽不抽快克。他是個黑人，年輕，衣服乾淨，以前沒在中央車站看過他。我告訴他沒有，我沒有煙管，也沒抽過快克。

他從外套口袋裡拿出一個小瓶子，我可以看見瓶子裡裝著白色的東西，我知道那是快克。他問我，要不要馬上試一試，他願意跟我分享。

愛波已經抽快克一兩個月了。但她說過，如果看到我抽，就要殺了我。只是愛波現在並不在這裡，我又很好奇。當這個人問我「有沒有隱密的地方可以讓我們爽一下？」的時候，我竟然笨到自己一個人就帶他走了。

我把他帶到一〇〇號鐵軌的月台下面。他以前從來沒進過隧道，從他東張西望四處打量的樣子，我可以看出來。他看著地板上我們睡覺用的紙箱和毯子、幾堆舊衣服、空瓶子和垃圾。看到角落裡的電視，他說，「這個東西真的能看嗎？」

「能看啊，我們有接天線。」

他又四處看了看，從齒縫裡擠出一聲口哨。「真是個好地方，真是個好地方。」我不知道他是故意誇張，或是真的覺得很不錯。「你住在這裡嗎？」

「我跟其他一些人。」我說。

「還有老鼠，對吧？」

「除非你是死人，否則老鼠是不會動你的。」

然後他很仔細的上下打量我。跟他剛才打量這個地方的眼光一樣。他告訴我，「白人女孩長得像你這樣算很可愛了。」

我盡量表現得若無其事，但他讓我很不舒服。「好啦，來吸吧。」「時候還沒到，」他說，「我們要先『幹』過才行。」

「見鬼了，我才不要，不可能。」說完轉身就走。就在這個時候，他用抓住我的頭，我奮力抵抗，但他站在我身後，再加上他的身材高大，而我卻只是個身高不過五呎左右的小孩。他的手臂把我的脖子愈夾越緊，我想尖叫，卻發不出聲音，因為喉嚨被他緊緊壓住了。我想，我就要死了，誰會發現我呢？然後是一片黑暗，我失去了知覺。

醒過來的時候，我躺在地板上，褲子被拉到腳踝，那個人不見了。我想坐起身來，可是身上很痛，我的脖子也疼得厲害，頭頸幾乎沒辦法轉動。我的腿上有些流血的小傷口，也許是他的指甲抓傷了我。

從地上爬起來非常困難，因為我抖個不停，雙腿僵硬，褲子又糾結成一團。我好不容易才站起來穿上衣服，才發現衣服都濕了。我大概是尿在上面了吧，衣服變得濕冷黏膩。

我不能找警察。他們會先把我關起來，因為進入隧道是非法侵入，再加上我又是一個登記有案的逃家小孩。我不要再去中央分局，連吃三天的波隆那香腸三明治。

我很害怕，又受了傷。我需要愛波。可是我連褲子都尿濕了，要怎麼去車站裡頭找她呢？我也不能留在這兒，萬一那個人又回來怎麼辦？

我躲入最黑暗的角落，用一床舊軍毯圍住自己，把頭也包在裡面。我太羞恥，不敢走出去，可是又害怕留在這兒。我全身發抖，而且一直哭個不停。我大概就那樣睡著了。

然後，我找到了愛波。她拿了教堂的乾淨衣服給我。她帶我到洗手間，幫我清洗，換衣服。我哭的時候，她抱著我，甚至還幫我梳了頭髮。她說，「那個天殺的混蛋，等我知道他是誰，一定把他的卵蛋切掉！」

好幾個禮拜的時間，只要我們看到熟面孔以外的男人在候車室出現，她就會問我，「喂，蒂娜，是不是那個人？是不是他？」不過一直都不是。我從沒再見過那個人。

我想忘了他。我想忘記這件事曾經發生過。

＊＊＊

我和珍妮塔發生了一點爭執，她是我初到撒馬利亞村時候的「大姊姊」。沒什麼了不起的事。她要我做一些事，我給她臉色看，結果被罰坐「椅子」。他們罰我洗一天碗盤。南西還告訴我，我得交一篇作文，描述我的「自我形象」，說明為什麼我老是闖禍。

我正在經歷一連串改變，我很常哭。有一半的時間，我都對這裡的人心懷憤怒。因為我很難承受他們關愛的眼神，他們為什麼不能讓我一個人靜一靜？同時，我也知道，自己是在跟這個治療計畫對抗，我想堅持一些自己可能必須放棄的東西。比如說，我得放棄對愛波的認同，必須學著做我自己。可是，我到底是誰？

我筋疲力盡，會談和上課的時候，常常睡著，我需要休息。所以我裝病，在床上躺了一天，一直睡到下午才起床。他們從廚房送了一盤晚餐來給我，是炸雞。但我不餓。我拿了紙筆坐到床上，寫信給我媽。告訴她我為她的新工作多麼覺得驕傲，告訴她我想盡快回家看她。還有，我想她。我不知道我又哭了，直到看見一滴眼淚掉在信紙上。

我想要一些蠟筆，一本著色簿。

我的室友之一，安琪拉，讓我想到愛波。有時候，我簡直不敢相信她那麼像她。特別是頭髮濕濕的時候。有一天晚上，她淋浴出來，穿著浴袍，頭髮濕的，黑黑亮亮的貼在臉上。有那麼一下子，我幾乎要停止呼吸了，因為她看起來實在太像愛波了。

我原本以為到撒馬利亞村來，會聽到一些可怕的故事。我不知道大家的過去，但我以為大概跟我的差不多，街頭生活、吸毒成癮、生活糟到了谷底，想要重新振作起來之類的，但情況並非如此。我的狀況，比起他們大多數人來，都要糟得多。

過了好一陣子，直到大家看過我的「四十八小時」錄影帶，表現得驚訝萬分，我才知道，我的過去是多麼與眾不同。

我跟YDA的幾個女孩子講過「四十八小時」的事。南西聽說了，問我可不可以拿到帶子，播給大家看。她說，這麼做可以讓我知道自己進步了多少，因為我現在很沮喪。另一方面，也可以讓其他人瞭解我碰到的困難有多大。假如連我都能振作起來，他們一定也可以。所以我寫信給傑美，請她送一卷節目錄影帶過來。

十月的一個星期五晚上，我們放了「四十八小時」的錄影帶。每個想看的人都可以來看，男生女生加起來大概有十五個人。第一部份拍的是隧道，哈洛‧道訪問了一些住在隧道底下、年紀比較長的人。播到我的部分的時候，每個人都鼓掌，吹口哨，還說，「喂，快看，是蒂娜耶！」直到南西叫他們靜下來為止。

再看一次那個節目，感覺很奇怪。電視上的我嘴裡叼著香菸，看起來很酷，或者至少想假裝很酷，等著哈利帶快克回來，晚上一起吸個痛快。那千真萬確是我沒錯，不過，在這裡的也是我啊。大字形躺在紐約州北部撒馬利亞村YDA客廳的地板上，穿著海麗葉送的乾淨毛衣和新牛仔褲，看著電視，手掌還埋在一包洋芋片裡。世界上到底有多少個我呢？有一會兒，我有一種奇異的暈眩感，不知道究竟哪一個我才算是真正的我。

錄影帶放完的時候，其他人說，「哇，你真的住在下面的隧道裡嗎？真厲害。」他們覺得我很了不起，我倒覺得嚇了一跳。有個人想知道下面是不是真的有電視，他覺得這是最叫人吃驚的地方。大家都問我，「你是怎麼活過來的？」

我告訴他們，「每一天都只不過是另外一天罷了。沒什麼特別的。」

而且，那裡也並非全然不好，有時候，我忍不住會想起那些好玩的部分，在街頭流連，一切瘋狂的事。

＊＊＊

我們破產了。愛波說，「你在這兒等，我去弄點錢來。」

她走進男廁所，我在門旁邊，聽見她大聲宣告說，「好了，你們當中有一位紳士非給我五塊錢不可，誰要給啊？」她的聲音聽起來不帶威嚇性，只是可愛又勇敢，這就夠了。大概三分鐘之後，她蹦蹦跳跳的出來，臉上笑容燦爛，手裡還拿著一張五塊錢的鈔票問我，「你想吃義大利香腸披薩嗎？」

愛波乞討的時候總有一些花招。像是坐在車站外面，拿著紙板，上面寫：「請慷慨解囊幫助遊民！」在快克俚語裡面，吸毒吸得很亢奮的說法是「史考特用光束將我傳送出去！」，這是星艦迷航記裡面的話。有一次，愛波的標語上寫，「幫我找找史考特吧。」我簡直不相信她敢這麼做。不過，其他人都不知道那是什麼意思。她也會告訴別人她正在上弗沙學院（Vassar），需要學費。不管怎樣，很多人都被愛波迷住，不管什麼理由，都會掏錢給她。

很長一段時間，我都鼓不起勇氣來乞討。最後，自然而然就發生了，事實上，我最愉快的一段時光可能就是在中央車站行乞了，因為每個人都覺得我年紀很小，很可愛，我可以要到跟愛波差不多一樣多的錢。那是少數幾件我能做得來的事情之一。

我是這樣開始的：有一天，我無所事事的坐在那裡，有個常在一起的男的勸我試試看去討錢。我確實很需要錢，所以我說，「管他去死，我就試試看吧。」我跑去站在女廁所旁邊，可是我只會看著女人們進進出出，卻說不出一句話，覺得自己像個笨蛋。

然後有位女士出來了，她有點豐滿，讓人感覺很舒服，令我想起四年級的一個老師。她可能她也覺得我長得跟誰很像吧。我很快的說，「對不起，可以給我一點零錢嗎？」

她看來有點吃驚，不確定應該怎麼反應。然後她說，「你需要多少呢？」她這麼說真讓我愣住了，她問我，該給我多少，就像我是一個從小她就認識的鄰家小孩一樣。

我說，「一塊錢？」帶著問號。

她打開大大的錢包，翻撿了一下，拿出一張一塊錢的鈔票。我說，「謝謝您，」盡可能客氣有禮貌，把錢塞進口袋裡。如果我要的是二十塊，不知道會發生什麼事。

那一次以後，一切變得很容易。重點在眼神接觸，因為如果他們的眼神接觸到你，我就會覺得他們真的看到了我，而且心裡想，「喂，你在這裡幹什麼？出了什麼事啦？」他們會想要幫助我。

而且，我還佔了很多便宜。比起其他大多數的乞丐來說，我不但年輕可愛，還是個白人。通勤的人，至少那些白人，總是比較容易看到白人乞丐，而忽略黑人。我的另一個優點是我的體型很矮小，不具威脅性。還有，我開始乞討的時候正好是在感恩節前，人們那時候總是比較慷慨大方。我記得有一天，一個小時之內我就要到了五十塊錢。不過通常要到的錢都比這個數目少很多很多。

開始行乞的幾個月以後，我就不管眼神接觸這回事了。我向每個走過我身邊的人開口。從這一邊：「對不起，可以給我一些零錢嗎？」到那一邊：「對不起，可以給我一些零錢嗎？」匡噹，多謝，夫人，多謝，先生，把錢塞到口袋裡。接住兩個不同方向來的錢。我的時間抓得很準呢。

我甚至有了一些常客。有些人每天都在固定的時間經過車站，搭同一班火車回家。他們會到我常出現的地方找我，通常是女廁所旁邊，而且身上總是有零錢給我。有時候是一塊錢，但大部分都是一些二角五分的硬幣，或是他們手邊剛好有的一些零錢。我告訴別人，「我不收零錢。」那是我的台詞之一。他們通常都覺得我這麼說很好笑。我當然收零錢啦，一分、五分、一角，地鐵代幣，什麼都好。只要口袋裝得下，我都拿。

傑瑞是我的常客之一。他在中央車站大廳的正後面開了一家小吃店，他是個矮矮壯壯的白人，留山羊鬍，戴眼鏡。我是因為愛波才認識他的。傑瑞有時候會給她免費的食物，或給她一塊錢。有一天，我正在傑瑞的小吃店附近討錢，就在通往下層月台的階梯旁邊，那是我喜歡逗留的地方。生意清閒下來的時候，我看到他站在門邊，用大拇指把一個兩角五分的硬幣拋著玩，沒看他失過手。有一天，他又在丟著錢玩，我從旁邊經過問道，「有沒有零錢？」他把那個硬幣丟向我，我接住了。那之後，我只要看到他在店裡丟硬幣，就會去跟他要。

還有一個人叫做「抱我」。這是賈霸的功勞。那時我還沒到中央車站來，賈霸告訴我，他有一天看到一個老人在報攤買報紙，就說，「喂，愛波、瑪莉亞，看到那邊那個人沒有？你知道嗎，只要走上去抱抱他，他就會給你錢。」

愛波天不怕地不怕，她馬上走過去，用手環住他，好好的抱了一抱。她帶著一張五塊錢的鈔票回來。所以瑪莉亞也跟著照做，那個人也給了她五塊錢。她們問，「喂，賈霸，那個人是誰？你怎麼知道抱他他就會給錢？」賈霸開始大笑。原來他以前從來沒看過那個人，他也不知道他真的會給愛波和瑪莉亞錢，就為了一個擁抱。

那個人常常經過車站，之後愛波和瑪莉亞一看到他，就會跑上去緊緊擁抱他，他就會給她們錢。通常是五塊，可是有時候也多到十塊或是二十塊。他們叫他「抱我」。有一天，愛波把他指給我看，說，「去抱那個人，他會給你錢。」我以為她在開玩笑。所以她把我帶過去，介紹我給他認識。他長得不高，臉紅紅的，頭上只有一圈稀薄的灰髮，穿得很整齊。不過看得出來身體不大好。

後來一見到他，我就會說，「『抱我』，你今天好嗎？」然後緊緊擁抱他。他會拿出五塊錢，有時候是十塊或是二十塊給我。他要的也就這麼多而已，只是抱一下，沒有別的。

到了後來，愛波的狀況很不好，變得什麼也不在乎了，她扒走他口袋裡的錢。他知道是誰拿的，所以從此再也不讓愛波近身。我介紹了貝芙麗和她朋友米琪給他，他私下跟我說，不喜歡黑人女孩子抱他。我們越來越少看到他，然後有人告訴我們他生病了，

我們一直搞不懂為什麼人家抱他他就肯給錢，但我沒追根究底。有一句老話是這麼說的，「別對人家送的禮物挑三撿四。」

我的另一些常客跟我就沒這麼親密了。他們給我的錢也從來沒有「抱我」給得那麼多。

但我盡量維持禮貌，跟他們道謝，問一聲「今天過得好不好？」他們的回答永遠是，「不錯，你好嗎？」有些人會問我一些私人的問題，好比說，我為什麼在這裡。可是我總是故做聰明的回答，「為了好玩啊。」

我是覺得好玩沒錯。行乞這件事我很擅長，我是靠自己的力量賺錢。他們可以給我錢，也可以不給我，自己決定。我沒搶他們的錢，我把選擇權留給別人。

＊＊＊

撒馬利亞感恩節舞會是我的第一次舞會。我非常緊張，不過，我現在跟其他人相處已經沒有那麼不自在了，我也交了一些朋友。自從在播了「四十八小時」的錄影帶以後，事情有了一些改變。倒不是說我成了名人或什麼的，但大家確實比較尊敬我。我不知道他們覺得哪一點比較了不起，我上過電視，還是我經歷過那種瘋狂、危險的生活。有人開始來問我一些關於我以前生活的問題，這讓我從自己的殼裡面稍稍走出來。

做完勞動服務以後，我得交一份申請書，說明我準備好再度離開「新生訓練班」的理由。為了升級到下一班，我還得取得要離開的班級和要加入的班級每一個人的同意。順利重回初級班。感覺好多了。

為了即將到來的感恩節舞會，每個人都盛裝打扮。不過他們規定只要衣服乾淨整齊，穿什麼都可以。我知道，如果盛裝打扮的話，我會更不自在，所以我穿了牛仔褲，和一件漂亮的深藍色毛衣。

舞會在成人區的自助餐廳舉行。他們把桌子搬空，掛上感恩節的裝飾。有很多點心，音樂是大聲的迪斯可搖滾。他們從來不放慢歌，因為你和舞伴之間必須保持距離。

前面一半的時間，我都作壁上觀。有幾個男生過來邀我跳舞，可是我告訴他們我不會跳，反正，我光看就覺得很高興了。

我的一個室友端了一杯咖啡來給我。「你一定要喝喝看，」她說。我告訴她我不喜歡咖啡，可是她說這不是普通的咖啡，這是「巴斯特羅咖啡」(Bustelo Cafe)，高級班的人煮的。她告訴我他們用一種特別的濾網篩過，讓它效力更強。導師們正打算禁止這種咖啡，因為喝了以後會讓人太過興奮。

這種咖啡真的很夠力，喝到一半，一個叫洛伊的人走了過來。

「想跳舞嗎？」他問。我跟他說，「我不會跳。」

「來嘛，每個人都會跳舞的，你一定也會。」

「不要，」我說，「我以前從來沒跳過。」

「那，好吧，我來教你。」他說。

我們走下舞池，他教我怎樣來回、來回的踏步。他讓我學著他的動作跳了幾次，然後說，「看到沒?就是這樣而已。」接著他就開始跳了起來，我也跟著跳。

我可以感覺到音樂在體內流動，我隨著節拍來回踩踏，突然之間，我就真的跳起舞來了，也許是巴斯特羅咖啡的效力開始發揮了吧。

洛伊是我在撒馬利亞最好的朋友之一。他是個好人，長得英俊，不過有點矮。他自己對身高也有些介意。他不大跟別人說話，不過他喜歡我。男女朋友的那種喜歡。但我對他並沒有相同的感覺。

洛伊是那種很誠實的人，這是他吸引我的原因。他給人一種安心的感覺。絕對不會給你壓力。他幫我準備GED考試的功課，我們一起玩手球，一起散步。樹木和山峰現在都換上了不同的色彩，鮮豔的橙色，紅色和黃色，就像藝術家筆下的畫一樣。

我弟弟法蘭基有一次打電話給我，他們告訴我，「蒂娜，你有緊急電話，」最後一次和法蘭基說話，是他還跟文斯住在皇后區的時候，在我逃家之前。他的聲音現在聽起來帶著一種南方的口音。他告訴我，佛羅里達棒透了，他也很喜歡現在的園藝工作。「你應該來這裡，」他說，「我多一張空床，我住的地方很大。你來過聖誕節好不好？」我告訴他，我必須先完成撒馬利亞的治療課程，他說，課程完畢以後，我一定要去，我們可以一起住。

很難相信他剛滿十九歲。我還記得那個老是騎著腳踏車黏在我後面的小弟弟。法蘭基是個安靜的小孩，不過，在發生火災我們得搬到馬丁尼昆旅社住以前，他都過得很快樂。

但從那次火災以後法蘭基開始表現出退縮性格。我記得，我們後來住在富德漢路時，他會花好幾個小時躲在衣櫃裡看書，科學的書、數學的書，各式各樣的書。他把心思都花在學業上，那是他逃避現實的方法，逃避我們家貧困的現實，也逃避羅伯。等到十四歲時，他搬出去跟潔西卡的爸爸文斯一起住。

我告訴法蘭基，我會盡量每個禮拜寫信給你，他的聲音聽起來很寂寞。

我的室友安琪拉在感恩節舞會之前離開了。我永遠不會再見到她了。她走的時候我哭了一整個晚上。那種痛苦跟我聽到愛波死訊的時候差不多。

＊＊＊

我開始吸快克有幾個理由。愛波也吸，我想跟愛波一樣。那是一九八五年年底，每個人都突然發現了快克，如果你想跟大家打成一片，也得一起吸。而且，我對自己不滿意，這也是原因之一。我知道毒品會讓人對一切都感覺好一點。

我是在感恩節左右開始的，羅倫佐帶我入門，就像幾個月以前他引愛波入門一樣。有人告訴我，「喂，羅倫佐在找你跟愛波。」他們說他在下面，所以我就到下一層去。他在最裡面的電梯旁邊，跟幾個我不認識的男人在一起。

羅倫佐點頭示意他們走開，問我愛波到哪兒去了。我說，我們剛才到巴士站去，她還沒有回來。他說，「噢，我剛才到郊區去幫她弄了一些『石頭』回來。」然後他盯著我說，「嗯，既然她不在，你就沒什麼好怕的了吧？我不會多嘴的。」他把他的煙管和打火機遞給我，站在我前面，免得有人經過的時候會看見。管他去死，對不對？我點了火。

哇，太神奇了。第一次衝擊真是太神奇了。我感覺到一股突然的電流有一種前所未有的力量出現在我身體裡面。我的心在雲端裡飛翔。

但這並沒有滿足我，只讓我更想要。我吸了好幾次，盡量用力的吸，但那種感覺再也沒有了。只有第一次才有那種飛上天的感覺，現在我只覺得焦慮不安。

「喂喂喂，」羅倫佐說，把煙管拿了回去。「你想把我的庫存抽光啊？」

我想著，我還要，我要再抓住那種電流。我一定要再回到雲端上。但羅倫佐吸了幾次以後，就把煙管塞回口袋裡。「你一定哈得要死吧，」他說，「就算叫你馬上死掉換一口你都肯對吧？」

「去你的，」我說。我猜，愛波回來的時候，別人一定也告訴了她，羅倫佐在找她。因為二十分鐘以後，她也走了下來。我還跟羅倫佐在一起，站在那裡隨口鬼扯。但不知道為什麼，她一看到我就知道了。她說，「你抽了？有沒有？」

當時我正在抽著普通的香菸，一開始我以為她說的是香菸，就說，「什麼？」

她看看羅倫佐，又看看我。又說了一次，「你抽了。」這次我知道她說的是什麼了。

「沒有，」我說。「我沒有。」我看得出來她想揍我。「媽的別跟我扯謊。」

「好吧，」我告訴她，「我是抽了。」

「我不是告訴過你別碰那該死的東西嗎？你這個笨蛋，飯桶，」她對我說。她告訴羅倫佐，「你更該死，竟然給她那種東西。」

她轉身離開，沒再回來。

＊＊＊

十月初，我向中級班的委員會說明我已經合乎升級標準的理由。我告訴他們，我很用功準備GED，我也幫其他人讀英文、唸書。我剛考過GED，正在等結果，但我很確定會通過。

我也告訴委員會我對自己在晚餐室的工作有多麼盡職。我現在已經不端盤子了，我是管理人之一，說明正在彌補和家人的關係，也會有幫助，所以我告訴他們我跟媽媽和弟弟又取得聯絡了。接著，就在聖誕節之前，他們在一個會議裡宣布，我可以升上中級班，在中級班你也享有更多的權利。可以拿到比較多的零用錢，可以自己一個人回家探訪，還可以用遊戲室，裡面有撞球桌和電動玩具。中級班的人也得負更多的責任，像是輔導新生，當他們的大哥哥大姊姊。但在中級班沒待那麼久，還來不及當到。

升上中級班的同一個禮拜，我通過了GED的測驗。及格分數是兩百二十五分，我考了兩百六十九分。我第一件事就是打電話給海麗葉跟喬治，還有寫信給我媽和傑美。我告訴他們大家，「知道嗎，我終於拿到高中文憑了！」我已經將近二十一歲了，不過晚一點總比沒有好。

我的個案會談小組做了一趟假日的城市之旅，下午我們看了一場外百老匯的秀，一個女人演的獨幕劇，我只記得那場戲非常無聊。不過接著我們又到洛克斐勒中心去看大聖誕樹，那裡人很多，幾乎連站的地方都沒有，不過我們還是待了一會兒，因為聖誕樹非常漂亮，在下面溜冰場溜冰的人群也是。一切看起來就像是故事書上的圖畫。

我們等要到對街聖派區克大教堂的綠燈之時，我看到一個眼熟的人也在等綠燈，他很年輕，穿得很整齊，帶著一個公事包。我一直在想他到底是誰，突然我想起來了，他以前是我的常客之一，每天晚上他都會經過中央車站，只要看到我在討錢，就會給我一些零錢。他會跟我說，「喂，孩子，過得好吧？」然後把手伸進褲子口袋，把掏到的零錢都給我。

我不知道我是應該上前說，「嗨，記得我嗎？」還是趕快藏到其他女孩子後面。在我想清楚之前，燈號變了，我們一起走過第五街。

我跟我媽通信的時候，內容多半是「嗨，最近好嗎？」之類的，沒談什麼認真的或嚴肅的話題。當她寫信來說要在聖誕節隔天過來看我的時候，我很緊張。打過招呼以後一定會變得很尷尬。我應該說些什麼呢？那段時間我應該怎麼打發？我可以帶她到處看看，但她對這個地方的興趣應該不會太大。如果我不開口或找點事來做，她大概就會一整天那樣呆坐著吧，我有責任讓這一場會面輕鬆愉快。

最後一次在家裡過聖誕節的時候，我媽說，「你現在已經長大了，聖誕節呢，是給小孩子過的。」也就是說，今年在假聖誕樹底下我別想找到禮物了。

所以，那年聖誕節是羅比和潔西卡的。我說，「我懂，媽。」但其實我一點也不懂。

孩子們拆開禮物的時候，我假裝為他們感到高興。我假裝玩具是聖誕老人給他們的，不是我媽用救濟金支票買完食物以後勉強省下來的錢買的。從那時候開始，我就決定不要成為別人的負擔，不要當一個等飯吃、等衣服穿的小孩。那時我就知道，等時候到了，我一定會離開家。法蘭基是一年前走的。當時我十六歲，應該自立了。反正，我也受不了羅伯，受不了他們不斷吵架，還有我們的生活方式，這個地方讓我只想逃開。

我想要擁有屬於自己的東西，幾個月以後，我就認識了愛波。

撒馬利亞的人想讓我們過一個快樂的聖誕節。幾天之前，辦過一場盛大的舞會。他們現在不供應巴斯特羅咖啡了，因為高級班的人迷上了這種飲料。他們拿到的零用錢最多，有些人把錢都花在巴斯特羅咖啡上，每晚喝上好幾壺。導師們只好下令禁止。

聖誕節的幾天前，我們輪流從盒子裡抽出一個名字，每個人都有十塊錢幫那個人買一份禮物。抽到我名字的女孩送了我一瓶粉紅泡泡浴的沐浴精，我也接到我媽和孩子們、法蘭基、傑美、喬治和海麗葉和寄來的聖誕卡。我把他們的卡片都貼在床頭上。

聖誕夜下了雪，我們都去划雪橇，那種大大的塑膠雪橇，那是我這輩子做過最好玩的事情之一。撒馬利亞有座山丘坡道有一條街那麼長，可以滑很遠，就像飛起來一樣。

飛起來。第一個在中央車站過的聖誕節，大部分時間我都在吸快克。那一年，我可以隨心所欲擁有一切禮物，因為聖誕節早上，會有很多義工突然帶著紮著緞帶、包裝精美、要送給遊民的禮物出現在中央車站。

那些禮物都很實用：圍巾、手套、帽子、厚襪子、衛生衣，套頭毛衣。只是我根本不想去拿這些東西，愛波也是。我並不真的需要帽子、圍巾或手套。就算真的要，我也知道該到哪裡找。到教堂，不然找一個人也可以，只要認真跟別人說你的確需要，一定會有人買給你的。有一個在中央車站書報攤做事的人買了兩件外套給我。第一件我弄丟了，第二件我賣掉了。我有張娃娃臉，很容易要到東西。

而且，我說過，節日是最容易要到錢的時候。聖誕節我和愛波花了半天的時間在萊辛頓大道討錢買快克。我不想聽透過音響傳送出來的聖誕頌歌，不想看到人們提著行李、帶著小孩和成包的禮物在車站走來走去，這些事會讓你想起自己的家。

我們要夠了錢以後去了上城的哈林區。聖誕節剩下的時間都花在買毒品上面，到處買，到處吸。這一天就這麼過去了，跟其他日子一樣。

＊＊＊

那一晚，我們回到中央車站，警察把候車室清得乾乾淨淨。來了一些記者和電視新聞工作人員，喬治也在。其他人都不准進去。柯索夫警官守著其中一個入口。他是個好警察，也是最初逮捕我的警官之一，去年夏天，就是他和其他兩個警察在鍋爐室逮捕我們的。愛波問他裡面到底在搞什麼鬼，他告訴我們，「媽媽」死了。

「媽媽」是愛波最喜歡的老人家之一。柯索夫問愛波知不知道「媽媽」的真名，或她是從哪兒來的。他們正在查證她有沒有親戚，沒什麼人知道她的事，因為她幾乎不會說英語。愛波說她也不知道，她問，「她是怎麼死的？」

柯索夫說，他們下午的時候才發現她死在椅子上，可能已經死了好幾個小時了。大家都以為她在睡覺，直到有個警察用警棍敲她的椅子，想趕她離開趕不動，才發現她死了。柯索夫說，「你們現在還是走吧，候車室要到早上才會開放。」

「可是我想看看她，」愛波說，「我想跟她道別。」

「沒什麼好道別的，他們已經把她移走了。」

我們買了一罐啤酒，溜到廢棄的車廂那裡。那天晚上很冷，我們沒有別的地方可去。有一堆人在那裡，他們都圍著蠟燭坐著，談著「媽媽」的事。

愛波走到車廂陰暗的角落，拉出一床毯子，蓋住自己，我也跟著這麼做。她嚇到了，但我並沒有什麼感覺。我知道有一位老太太死了，但我並不真的認識「媽媽」。我只關心愛波一個人，還有我們這個小團體，其他的事情對我來說似乎不是那麼重要。

我們聽到賀喜說，昨天晚上，「媽媽」咳嗽咳個不停，又一直流汗，車站快關門之前，賀喜跟警察說，應該叫救護車。他們要他別多管閒事，接著就把大家趕出候車室，因為那時已經是深夜一點半了。

「她生病了，警察又不肯替她找醫生，所以她才會死，」賀喜告訴大家說。「她看起來得了肺炎。」法蘭西斯說，「媽的，他們應該送她去醫院的，而不是讓她睡在外頭華氏二十度的冷風裡。她是個老太太，不管有病沒病。」

「我真覺得噁心，」賀喜說。「我也覺得很害怕。因為，她就這麼死了，一個人，沒有家人，我也可能會這樣死掉，我們每個人都可能。你們知不知道？」

他開始唱起歌來，每個人都靜了下來，坐在那裡，聽他們唱。

我和愛波輪流喝著啤酒，因為在那天外面走了很多路，我很累，在啤酒喝完之前就睡著了。那是一九八五年的聖誕節。

結果，我媽還是沒到撒馬利亞來，本來要開車送她來的東尼舅舅突然有事。不管怎樣，雪下得這麼大，路況很糟糕，他們說不定本來就來不了。

吃過午飯以後，如果覺得很想睡覺的話，我會溜上樓打個小盹。因為我覺得要是在討論會上睡著的話，一定會惹上麻煩。可是這天，我正大字形躺在床上的時候，中級班的一個女孩子莉茲走了進來。她說，「我要檢舉你偷睡覺。」我氣炸了，更慘的是，現在我還是得去上討論會，連午覺都睡不成了。我跟著她走出門，小聲的說，「賤人。」

她聽到了。她跑去跟上面說我罵她，沒有好好尊重她。如果只是蹺掉討論會的話，他們大概只會罰我勞動服務一兩天，但是罵人在撒馬利亞是很嚴重的事，這代表你沒給那個人應有的尊重。

結果我又坐上了「椅子」。一直到吃晚飯前，他們才把我叫進去，告訴我我必須降級回到初級班。我在中級班只待了一個禮拜。

＊＊＊

就在我被降級之後，有個導師發現洛伊喜歡我。跟某個人太親密是被禁止的，因為你會滿腦子想著戀愛的事，甚至想到性行為或是毒品上頭去。所以他們禁止我和洛伊交談，我們有兩個禮拜彼此不准說話。

每次我剛剛有點進步，就又回到原點。他們把我降回初級班的那個晚上，我到外面待了幾分鐘，雖然外面冷得不得了。我的那塊大石頭蓋滿了雪，但我還是坐了下來，點了一根煙。YDA的窗戶都亮著燈光。時間大概是九點半，大部分人都在看電視，打掃房間，準備就寢。我不想回到裡面，我沒辦法適應。不管怎麼樣，我就是沒辦法適應這裡。我受夠了不斷的努力嘗試，也受夠了那些愚蠢的規定。

就算我真的平安無事的完成治療計畫又怎樣呢？接下來怎麼辦？我對未來沒有任何期待，一點也沒有。那麼，我出去以後到底要幹什麼？真正讓我感到害怕的是，我看不見自己的未來。我沒辦法想像自己在真實的世界裡過正常的生活。我就是想不到任何一件想做的事。我覺得我只是就這麼活著而已。

「你到撒馬利亞來了差不多八個月了，」南西告訴我，「可是你在個案治療的時候還是不願意敞開來談。」

我說，「我為什麼要談？對我有什麼好處？」

「嗯，至少，你在會談時越努力面對自己的問題，就越有機會升級。」

「那又怎樣？我升級回到中級班，一個禮拜以後，又會回到初級班。像蹺蹺板一樣永遠沒完沒了。」

「也許，」南西說，「是離開蹺蹺板的時候了。也許你應該抬起屁股離開遊戲場了。」

「噢，了不起的比喻。」我說。

「他們付我薪水就是為了這一點啊。」實在很難對南西生氣。有個女孩子說，「我接到男朋友的信，他想跟我分手，因為我離開他這麼久。我覺得很困擾。」

「我們還是先給蒂娜一次機會吧，」南西說，「然後我們會處理你的問題。好，蒂娜，最近有沒有接到什麼信啊？」

「我媽有寫信。」

「她常寫嗎？」

「我們彎常彼此寫信給對方。她聖誕節本來要來，可是沒有來成。」

「你一定很失望，」南西說。我並不怎麼失望，不過我還是點點頭。

「喂，蒂娜，」一個叫凱莉的女孩子說，「你媽對你住在中央車站有什麼意見？」

「她管不了。」

「要是我做出這樣的事啊，我媽會叫我爸拿著獵槍來追我。」

「也許蒂娜的媽媽不關心她，」另一個女孩說。

「不，她關心我，」我說。「她只是被其他的事纏住了。她有別的事要操心。」

「蒂娜，」南西問，「你媽有沒有去找過你叫你回家？」

「當然有，很多次。我說過她關心我，有一次，她甚至跑到中央車站來找我。」

＊＊＊

聖誕節左右，有一天我們待在布園公園，我和柯瑞、還有愛波和她的朋友史莫基，他是布園的毒販。他和愛波成為朋友以後就開始在中央車站混。

史莫基四十多歲，是個黑人，矮矮的，缺了一些牙齒。看起來老是邋邋遢遢，好像穿了太大件的衣服，但他是個好人。他一定會給愛波足夠的錢買毒品和吃的。有一次他甚至幫愛波把衣服拿到自助洗衣店去洗。愛波也會照顧他，在他需要的時候給他錢買毒品，他肚子餓的話，就把東西分給他吃。有時候，我完全被排除在外。我很嫉妒，因為這讓我覺得孤單。

史莫基有很多他所謂的「把戲」，他教了愛波一個。她站在車站前面，裝出可愛的樣子，等色瞇瞇的通勤者上前搭訕，然後她就把他帶到車站下層，在他還沒拉下褲子拉鍊以前，史莫基就從後面掐住他的脖子，愛波則掏光他的口袋。愛波和史莫基拿到一些錢，那個通勤者得到應得的報應，因為他對未成年少女心懷不軌。

所以，這一天，愛波和史莫基手上剛好有一些餘錢，他們跟我和柯瑞共享。我們躺在布園公園的椅子上吸快克，喝啤酒和伏特加。柯瑞只喝酒，有時候他會吸一點快克，不過他是極少數沒有真的染上毒癮的人。我正要點火的時候愛波說，「看，蒂娜，是你媽，」千真萬確，我媽從一條小徑上走過來。她一手牽著潔西卡，羅比在嬰兒車裡，羅伯在她身後。

我告訴愛波，「我得閃了。」我媽大喊，「蒂娜，等一下！」但我跑掉了，羅伯跑過來追我。我穿過公園，跑到四十二街，跑過馬路，差點被一輛計程車撞個正著，一路跑到第六大道，一直跑到三十四街才停下來。我後來才知道，我之所以沒被抓到，是因為柯瑞抓住羅伯，不讓他追我的關係。等到羅伯脫身的時候，我已經跑出公園了。

我一直不知道如果那天我跟著我媽回家會發生什麼事。我的生活或者會完全不同吧。但現在怎麼說都太遲了，因為現在留住我的不是愛波，而是快克。

愛波一直責怪我染上快克毒癮，但她能說什麼呢？她自己還不是在吸。

也許，從我第一次吸的時候開始，一切就已經來不及了。你會一直想要更多更多，直到用光所有的錢，或是身體撐不住。

問題是，那種震撼的快感只會出現在第一次的時候，時間也只有五分鐘。你瘋狂的想要更多，但每次吸，感覺都越來越淡。你不會再體驗到那種神奇的感覺，除非你從來沒吸過，除非你是第一次碰快克。其餘的時間，你不過是在追逐一個夢境罷了。

愛波和我正在吞雲吐霧的時候，一些橄欖球員攔住我們，問我們知不知道要去哪裡買快克。一個黑人、兩個白人，長得都很帥。至少我看得出來愛波是這麼想的。

我們帶他們到第八街，一個叫做「性感小貓」的脫衣舞酒吧附近，愛波有個毒販朋友在這條街活動。他們買了好幾包。一包是十瓶，裝在塑膠袋裡。他們問我們想不想跟他們回去一起熱鬧一下，「分享那些『好貨』，」那個黑人說。愛波問他們住哪裡，他們說紐澤西，不遠，而且他們有車。「這，我不知道耶，」愛波說。

「來嘛，」那個黑人說。「我們又不會咬人。」

「愛波，」我小聲說，「不要去啦。」

其中一個男生，有一頭黑捲髮，我猜他聽到我說的話了。他告訴愛波，「噢，拜託，不要因為你朋友膽小你就不敢去好不好。叫她自己留在這裡好了。」

愛波可能會聽他的，所以我也去了。我不能讓她自己一個人去。結果她幾乎連命都沒了。她被痛打了一頓，要是我沒去，情況可能更慘。他們搞清楚我們不想因為吸了他們的快克就陪他們上床以後，就表現出很惡劣的態度。愛波還火上加油，告訴他們，「你們現在也不能怎樣了，對吧？你們已經讓我們吸了三瓶。」

「你這個下賤的婊子。」其中一個人說。

「就算我是婊子好了，我也不會跟你們這些該死的人渣搞。」愛波說。

那個黑捲髮的傢伙往她臉上重重打了一拳，她的鼻子流血了。好笑的是，我會跟他上床的，她只是不想也跟他的朋友做而已。我呢，我嚇壞了。我們兩個人孤孤單單在這裡，紐澤西的某一幢房子裡，眼前有三個體型高大的憤怒男人，想要我們跟他們上床。

愛波被揍了以後，情況陷入一片混亂。她開始一邊揮拳一邊尖叫，那個黑人抓住她，黑捲髮則動手脫她的牛仔褲。愛波又扭又踢，我則試圖讓那個黑人放開愛波，不過他就像一棵大樹一樣，一點也拉不動。愛波鼻子裡流出來的血在灰色地毯上弄得到處都是。突然之間，另外一個白人拿出一隻球棒。他高舉球棒，說，「讓我來料理這個小雜碎。」當時，我以為愛波就要死了，我以為他會一棒從她的頭上敲下去，接著就輪到我。

但結果並沒有。我想，那個拿球棒的傢伙把其他兩個人嚇到了。他們一定是覺得情況有點失控了。那個黑人鬆開愛波，叫拿球棒的冷靜下來。就在這時，我們拔腿逃跑。

愛波非常生氣，她又哭又罵，鮮血和眼淚在她整個臉上糊得亂七八糟。

我們跑到房子前面的時候她停下腳步。我看到她拿出螺絲刀，她通常都會帶一支在口袋裡，我也是。「等一下，」她說，「我要回去扎破這些王八蛋的輪胎。」但我抓住她，把她拉回來，叫她繼續往前走。我很害怕，反而表現出一種異樣的鎮定。「放手，」她大喊，

「把你該死的手拿開，我要搞爛他們的車，然後殺了這些該死的王八蛋。」

「用螺絲刀是殺不了人的，」我跟她說。然後她就哭個不停，我盡可能的扶著她走快一點，最後我們終於逃到了安全距離，在一片小平原停了下來。這裡到處都是雪堆，我抓起一捧雪，幫愛波把臉擦乾淨。「蒂娜，」她說，「別離開我，別離開我，別離開我。」我很難聽清楚她說的是什麼，因為她哭得太用力了。

「我哪兒都不會去的，」我告訴她，「現在，乖乖的不要動。」她的血不光是鼻子裡流出來的。我把她的臉擦乾淨，看到她的嘴唇裂開了，眉毛上面也有一道大傷口。

然後我們繼續往前走。感覺上我們好像走了一星期，但事實上可能只有一個小時，或者更短。但我們冷斃了，因為跑出房子的時候，沒能來得及拿外套。

在德士古（Texao）站我們碰到一個瘦子，讓我們搭便車到澤西市搭列車回紐約。我們看起來狼狽透了，他甚至不敢問我們發生了什麼事。

＊＊＊

一月六號是我的二十一歲生日，傑美和她先生朗、還有兩個十幾歲的小孩到撒馬利亞來，帶我出去玩。我們到城裡一家小餐廳吃晚飯。沒人陪著我不能出去，因為現在我已經不是中級班的了，所以我的一個室友卡拉跟我們一塊去。

點完菜以後，傑美舉起她的水杯。「我們為蒂娜乾杯吧，」她說，「因為她是這麼努力，這麼有成就。我知道有時候她會覺得沮喪，而且覺得眼前的路永遠都走不完。但蒂娜的上次生日，我也跟她在一起。我想對她說，你已經往前走了很長的一段路。親愛的，我們為你感到驕傲。」

前一年，我二十歲生日的時候，住在中央車站外面平台的紙箱子裡。我記得生日那一天，我醒來拿開紙箱蓋，看見雪花從天上掉下來，把平台和下面的街道都蓋住了。不過紙箱——我把它叫做俱樂部——已經用一層防水布蓋住了，我又穿了好幾百層衣服，還有一堆毯子，所以我很溫暖很乾燥。

我記得，「抱我」經過車站的時候，給了我五塊錢。我告訴他今天是我生日，他就多掏了二十塊給我。所以那天我討錢的時候就告訴每個人我今天生日。我不知道他們相不相信，不過我拿到的紙鈔確實比平常多得多。

而且，傑美也到中央車站來送生日禮物給我：一件海軍藍的毛衣。我帶她去看「俱樂部」，讓她知道我現在住在什麼地方。我很自豪，因為這比隧道裡好多了。

然後我跟席維，就是找到紙箱、跟我一起蓋了紙牌屋的人，湊錢買了幾包快克。我們爬回平台的「俱樂部」，那天剩下的時間都用來吸毒。我就是那樣度過二十歲生日的。

二十一歲的生日，我們吃完晚飯的時候，女侍拿著一個蛋糕走到桌邊來，那是傑美和朗從紐約買來的。上面有白色的糖衣，還有粉紅色和綠色的花朵。上面寫著「蒂娜，生日快樂」，插著二十一根蠟燭，都點燃了。傑美、朗、他們的小孩和卡拉開始唱生日快樂歌的時候，女侍也加入了我們，還有鄰桌的客人。等到歌快唱完的時候，餐廳裡每個人都一起對著我唱生日快樂。

我沒辦法吹熄蠟燭，我哭得像個小孩。

我不知道我為什麼要讓自己在撒馬利亞的處境變得更難過，但我真的這麼做了。我在YDA的一個朋友叫賽莉斯，她是個漂亮的黑人女孩，很聰明，以後想當醫生。但她老是因為吸毒的問題把事情搞得一團糟。不是我招惹她的。她自己先來追求我，傳紙條給我，我也沒有拒絕就是了。

有一晚，我們從窗戶溜進教室大樓，那是我下午故意忘記關上的。我們爬出來的時候，聽見另外一頭有別人的聲音。我嚇得全身僵硬，我知道我們一定會被抓到。問題是，那個看見我們的人，要怎麼打我們的小報告？他要怎麼解釋自己為什麼會在晚上九點出現在上鎖的教室裡呢？

我們還是被逮到了，不過是賽莉斯自己招供的，所謂的「坦白罪過」。他們請她中止課程離開這裡。她父母來把她接走了。我呢，不但回到新生訓練班，還得做三個禮拜的勞動服務。

＊＊＊

愛波跟我是一起認識里奧的。那時是一月，我的十七歲生日才剛過沒多久。去年夏天愛波就滿十七歲了。為了慶祝生日，我從候車室的糖果店偷了一小盒巧克力。蒂娜自己祝蒂娜生日快樂，多謝多謝。

里奧比愛波大十歲，因為搶劫坐過幾年牢。除了賣報紙，他還盜用人家的信用卡。中央車站裡有一些人會守在大廳的公用電話附近假裝打電話，一看到旁邊有人用電話鍵入信用卡號碼的時候，他們就會很快把號碼寫下來，然後賣給其他人用。很多巴基斯坦人、中東人還有一些墨西哥人會到這裡來打電話回家。只要給十塊錢，這些偷信用卡號碼的人就會幫他們接通電話，讓他們愛講多久就講多久。這種賺錢方法又安全又簡單，里奧有時候也會做。

里奧以前常常吸毒，不過認識愛波那時候，他沒碰毒品。他告訴愛波，他想保持這樣。

他對她說，希望她也不要吸毒。抽一點大麻是沒關係，可是其他就不行了。愛波竟然愛他這麼深：她戒掉了快克。

每天晚上，里奧下班以後，他們就會到自己的地盤去，在三樓，一間舊的員工浴室。里奧是偷偷闖進去的。他不希望愛波帶別人去，因為怕被警察抓到。而且，里奧也不希望愛波再跟我在一起，因為我還在吸毒。不過，愛波想做的事，沒人能管得住她。里奧沒和她在一起的時候，或是我沒吸毒的時候，我們還是同進同出。剩下的時間，我就自己一個人。

＊＊＊

差不多就在這個時候，我碰到「腳人」（Foot Guy）。我坐在傑瑞小吃店附近，我經常坐的那個地方，看這個人經過，停下來，把我隨便打量了一下。他很矮，我想應該是波多黎各人吧，穿著藍色的制服，像工友或大樓管理員穿的那種。

「喂，」看到他在打量我的時候，我說，「有零錢嗎？」

他走過來。「你想賺五塊錢嗎？」

我叫他滾遠一點，他開始不停的道歉。「不，不，我不是那個意思，對不起。請不要生氣。我只是想看看你的腳而已。我會給你五塊錢。我發誓我不會碰你。我什麼都不會做的。」

我想，好啊，五塊錢對我來說可很有用呢。

我們到車站下層去，我把球鞋和襪子脫了。我的腳很髒，不過看起來他一點也不介意。他瞪著我的腳看了好一會兒，然後說，「哇，你的腳真漂亮！」他跟我道謝，給了我五塊錢，走了。好吧，管他的。只要你高興就好，對吧？

大概一個禮拜之後，「腳人」又來了。這次，他請我出去吃午餐。我不餓，因為今天是星期三。一到星期三，聖約瑟夫教堂的免費供餐就供應義大利麵和肉丸。所以，一個小時之前，我才吃過一頓豐盛的午餐。不過我對上館子很有興趣。我答應了「腳人」，再說，再塞進一頓飯對我來說並不是什麼大問題。

我們去了第二大道的一間小餐館。他很有禮貌，過馬路的時候扶著我的手、替我開餐廳的門。

我們坐在後面的一張桌子。他告訴我，他叫曼紐爾，是中央車站附近一棟大樓的主任管理員。他問我叫什麼名字，我說了，他接著問我從哪兒來的，我說，「不關你的事，好嗎？」「好吧，蒂娜，我只是想請你幫個忙而已，」他說，「想吃什麼就叫什麼，不過，如果你能為我脫掉鞋襪的話，我會很高興。」

我吃著漢堡、薯條還有追加的酸黃瓜的時候，他一直把我的腳放在他的膝蓋上，撫摸著我的腳。他沒點東西，沒吃東西，只是在桌子底下摸著我沒穿鞋襪的赤腳。餐廳的女侍沒有看到。我費盡力氣才忍住笑，因為有時候好癢。

我想里奧把愛波洗腦了，她再也不跟大家說話了。他讓她覺得她比我們每個人都優越，因為我們吸毒，她沒有。還有，她現在也不住在隧道裡頭了，三餐也都吃得很好，他替她料理一切。我很想對著她的臉大吼，「喂，愛波，還記得我嗎？我們是血肉相連的姊妹，你說過我們永遠都是你中有我，我中有你啊！」

有一天，我看見她走向車站下層，就跟在她後面。我下去的時候，她正等著我。她穿著有牌子的牛仔褲和一件紅毛衣，不是從教堂拿來的回收衣物。她的球鞋也是新的，身上乾乾淨淨，自從住在那個舊浴室開始，她身上一直都很乾淨。

她看起來不像在生氣。有一下子，我以為我們終於可以好好說說話了。在這裡談，里奧不會知道。她說，「你幹嘛跟蹤我？」

「我是你的朋友，我不知道我們為什麼不能說話。」

「因為，」她說，「只要你還在吸快克，我就不想跟你說話。所以，離我遠一點。」

「好。」我說，可是我心裡想著：現在我該怎麼辦？我有一種失落的感覺，很深很深的失落感。我去找史莫基。他有幾瓶快克。我們到中央公園去把它們全吸光了。他告訴我，「別放在心上，她不是針對你，現在愛波也不跟我說話了。」

下一次再見到愛波的時候，我正在售票窗口旁邊跟一個女警官波登鬼扯閒聊。我以為她或許是來找那個女警官說話的，因為她們是朋友。但她把我拉到一邊，說，「來吧，你想看看我跟里奧住的地方嗎？」我說，「當然了，好啊。」所以愛波偷偷把我帶上去，沒讓里奧知道。他正在賣報紙。我不知道她為什麼這麼做，不過愛波做的事通常都讓人搞不太懂。

為了上去他們住的地方，我們搭了小型電梯，然後又爬了一段樓梯。愛波把一張卡片塞進門縫裡，把鎖彈開，開了燈。「你應該看看我們剛來的時候，這個地方有多髒，」她告訴我，「我打賭這裡有好幾年都沒人來過了。我從管理員的推車上偷了一些消毒水和清潔劑，打掃得累斃了。」

房間的中間擺了一張大床墊，上面鋪著藍色的被單。愛波告訴我，床墊和被單是里奧在一家豪華飯店後面發現的，被單看起來幾乎是新的。里奧在房間後面掛了一條繩子，上面吊了他的一件襯衫，幾雙襪子，還有愛波的黑色內衣。愛波說她每天都會洗好他們的衣服，晾在繩子上，所以現在他們都有乾淨的衣服穿。

有一個水槽裡面放著一個美乃滋的大罐子，裡頭裝滿了紫色的花。里奧還送了愛波一些絨毛玩具，愛波把它們都排在床上，還給它們都取了名字。愛波很喜歡絨毛玩偶。有一次她和她的搶劫搭檔傑奇打破了人家的車窗，只因為愛波想要後座的泰迪熊。

我們一起坐在床墊上，抽著大麻，喝著黑莓白蘭地。幾乎就像回到從前一樣。她告訴我里奧多麼了不起，像是這個禮拜，他已經帶她去看過兩次電影。他們還到餐廳吃飯，她吃了義大利焗寬麵，每天晚上，他都帶花回來給她。

我會認識傑奇是因為愛波。他是新來的人之一。中央車站就是這樣子，大家來來去去。傑奇是個瘦小的白人小孩，未滿十七歲，他和愛波認識已經好些年了。從他們一起待在青少年之家的時候就認識了。我不知道傑奇睡在哪兒，不過一定是比隧道乾淨的地方，因為他看起來不髒，永遠穿著乾淨的衣服。他也很喜歡愛波，即使他知道，有里奧在這兒，別人是沒什麼機會的。

我跟史莫基和「笨瓜」同住在一〇〇號軌道月台下面的那塊地方，這裡的人不停來來去去。這樣的地方多數不歡迎陌生人。但只要有人認識你，你就可以留下來。很多人本來是睡在走道或天井裡的，但現在天氣漸漸冷了，每個人都想住到隧道裡面比較溫暖的地方來。

這裡有三個床墊，每個上面睡三到四個人。沒佔到床墊的人就睡在地板上的硬紙箱上，或是從巴士站和地鐵站上撕下來的大張海報上。你也可以自己做一張床，把一扇舊門架在兩個牛奶箱上。這樣會有一點不穩，不過離開地面睡的話，老鼠就不會在你睡著的時候從你身上爬過去。還有，這裡還有一架舊的黑白電視，只有一個頻道，不過沒人介意，因為深夜的時候，會重播「蜜月旅行者」（The Honeymooners），這個節目大家都愛看。

我在這兒住了一個月。里奧因為暴力攻擊被捕，必須服刑三十天。所以我就跟愛波一起在員工浴室裡住下來了。一開始只有我和史莫基，然後史莫基叫了貝芙麗來，貝芙麗又帶了米琪來，跟著「笨瓜」也來了。雖然里奧跟愛波說過不可以讓別人睡在這裡，但愛波說她才不願意自己孤單一個人。

不過她的確遵守了對里奧的另一個承諾，他不在的時候，她沒抽過快克，雖然她身邊所有人都抽。「你想知道我為什麼不抽嗎？」有一晚她對我小聲說。我們躺在床墊上，蓋著被單。床上還有兩三個人，不過我想他們都睡著了。「我本來可以抽的，現在抽他也不知道。」

「那你幹嘛不抽呢？」

「你得答應不告訴別人。」我答應了。「你得發誓。」我發了誓。「我懷孕了，」她說，「我要生下這個小孩。」

我問她，「里奧知道嗎？」她說他不知道。我跟她說，她瘋了。她要怎麼照顧小孩？不管怎樣，里奧不可能要她生下小孩的。她說，也許他不會讓她生吧，但等他看到寶寶就不一樣了。「他會改變心意的，」她是這麼說的。「只要他先看一眼我們的小孩，就會改變心意的。然後我們會快樂的生活在一起，就像真正的家庭一樣。」

我說，「你們要住在哪裡？這個浴室嗎？」她告訴我，里奧已經打算好了，既然現在他已經不吸毒了，賣報紙和偷信用卡打電話賺的錢都可以存起來。他和他的表弟想在上城開一家花店，那裡物價比較便宜。

她把一些絨毛玩偶放在床單下面，我們講這些話的時候，她一直抱著一隻穿著吊帶短褲的泰迪熊。她的年紀看起來不像大到可以自己養小孩，她自己看起來就像個小孩。

大概過了一個禮拜之後，愛波到瑞克島去看里奧。史莫基買了一件藍色洋裝給她，她又從教堂撿了一雙高跟鞋。她甚至還化了妝，眼影腮紅之類的，頭髮也挽了起來，看起來很漂亮。但那晚她回來的時候，妝全都花掉了，頭髮也亂七八糟，看起來像是哭過了。她告訴我她跟里奧大吵了一架，里奧不讓她生下這個小孩。他甚至不確定那是他的小孩。

＊＊＊

我不知道撒馬利亞村的導師們是不是覺得，把我降回新生訓練班，或是叫我做勞動服務是在幫助我，如果是，他們錯了。現在我不能享受權利，每天必須坐在那裡再上一遍那些愚蠢的新生訓練課程，沒有人陪的話，哪裡也不能去。事實上，跟我一起開始療程的人，現在都已經升上中級班或是高級班了。回到新生訓練班跟新人一起，讓我感到很難為情。

而且，我的每一分鐘空閒時間，都在洗碗、掃地、擦窗戶、拖地、吸塵、擦桌子和掃雪。除了睡覺以外，我一點自己的時間也沒有。有時候，我覺得怒氣勃發，很想打人、踢牆壁，或是摔盤子。我想拔腿就跑，一直跑一直跑，不管跑到哪裡都沒有關係，只要讓我可以解消這些怒氣就好了。可是，他們不准我自己一個人外出。

有一天晚上，我和一個叫做薩吉的混蛋傢伙正在洗晚餐的碗盤，他也被罰勞動服務。我走過去，從他那邊把洗碗劑的盒子拿過來，倒了一點在我的水槽裡，然後把盒子放在旁邊。我打開熱水的時候，薩吉重重的踏步過來，一把抓過盒子，拿回自己的水槽。他大把大把的挖出洗碗劑的粉末，我對他說，「好，你連剩下那些都用光光好了，反正現在我也沒剩下多少好用了。」

他說，樣子很可惡，「那是你的事，不是嗎？」

我被惹火了。我過去把盒子搶回來，因為太用力，有些粉末飛出來濺到了他。他好像說了，「看你幹了什麼好事！」但我沒理他，繼續洗碗。

我們的水槽在廚房的兩頭，彼此有一段距離，所以我沒看見他走開。等我拖完地要回Y

ＤＡ的時候。一個高級班的人在門口把我叫住，說導師瑪麗莎要見我。

我一踏出門口，就知道怎麼回事了。車道上停著一輛救護車，有一個急救人員正在把薩吉推入救護車。他坐在輪椅上。從我站的地方看過去，薩吉的臉紅通通的。

我到了瑪麗莎的辦公室。「明天早上第一件事，向『椅子』報到。」她告訴我。

「那個小王八蛋，只不過是一些洗碗精，幹嘛這樣小題大作？」

「可是跑進他眼睛了，蒂娜，」瑪麗莎說，「而且引起了嚴重的過敏。我們早上再說。」

我感覺糟透了，也嚇壞了。我覺得自己就要因為怒氣而爆炸，或者是徹底崩潰嚎啕大哭。其他女生都睡著了，我卻整夜躺在床上沒闔眼，努力強忍著不要尖叫或是把頭往牆上撞。伏特加。以前這對我多有用啊。天啊，我真想喝點伏特加。在街頭生活的時候，如果心情低落，我可以吸毒或是喝酒。如果現在能回到那時候多好。一個小時就夠了。媽的只要給我一個小時。或者，在貝勒富醫院精神病房的時候，他們會開藥給我吃，讓我冷靜下來，我可以往後一躺，就那麼陷在沙發上，什麼都不做。

要是撒馬利亞開除我怎麼辦？這個禮拜已經有三個成人被開除了。如果他們把我踢出去，我絕不會有勇氣再參加其他的戒毒計畫的。我甚至不敢想，那樣一來，我該到哪裡去。

第二天早上，我在「椅子」上坐了兩個小時，才被叫進辦公室。房間裡有三個導師，瑪麗莎，南西和漢克。我覺得自己面對的好像是執行死刑的行刑隊。

「你知道自己為什麼在這裡嗎？」漢克問。

「我知不知道自己為什麼在這裡？聽好了，他可能是故意把洗碗精揉到眼睛裡去的，因為他不喜歡我，想害我惹麻煩。再說，你們這裡用的到底是什麼鬼洗碗精啊？竟然會把人的皮膚都弄紅了？」

「蒂娜，」南西說，「深呼吸，冷靜下來。我們想聽聽你對這件事的說法。」

所以，我盡可能平靜的告訴他們，我不是故意讓那些該死的洗碗劑碰到那個小混蛋的，我只是想拿回洗碗劑而已。我告訴他們，我確定是薩吉自己搞的鬼，因為他想找我麻煩。

「我們正在考慮開除你，」瑪麗莎說。

「但他把事情說得好像是我故意的，那不是真的。我發誓。我知道我不應該對他生氣，可是我只有生氣而已。我沒把洗碗劑倒在他臉上，不管那個小王八蛋怎麼說的。」

我在椅子上坐了二十分鐘，等他們討論決定怎麼處置我。二十分鐘可以跟永遠一樣漫長，如果你的未來就懸在一線之間的話。

我決定，如果他們開除我的話，我就要執行「自殺任務」。那是指不停的吸快克，一直吸，一直吸，不停手，不在乎會發生什麼事，一直吸到死為止。

結果，他們沒把我踢出去。這次沒有。不過他們花了一會兒才決定要怎麼處罰我。他們不能把我降級，因為我已經在初級班了。他們不能叫我勞動服務，我已經在做勞動服務了。所以他們決定我的處罰是，在我脖子上掛一個紙牌，寫著，「以暴治暴不是辦法，冷靜的處理才是正確的作法。」

整整兩個星期，每一天，我脖子上都戴著這個愚蠢的招牌，面對大家。只有吃飯睡覺的時候，才能拿下來。

我從沒這麼想要離開，這麼想要搭上便車回紐約過。此刻我最想做的，就是吸毒麻醉自己，忘記這一切。

＊＊＊

愛波聽說柯瑞和我有天使塵的時候，她說她也想吸。里奧還在坐牢。我告訴他，里奧不希望她吸毒，她說，「不過，他又沒說天使塵不行。」

我們到上城去吸，愛波覺得不舒服，她的胃在翻攪，我們到傑瑞的小吃店偷了一夸脫牛奶。天使塵裡頭有防腐劑，有時候會讓人覺得反胃，必須喝點牛奶來保護胃壁。

我們坐在候車室裡，愛波開始痛飲牛奶，坐在隔壁椅子上的兩個傢伙打量著我們。他們開始說些無聊的話，像是：「嗯，那瓶牛奶看起來真好喝，也給我們喝一點吧？」他們兩個人還說愛波看起來很漂亮。講話帶著西班牙的口音。

「我們換張椅子坐吧，」愛波跟我說，說得很大聲，好讓他們聽見。

「喂，別走嘛，」其中一個人說，「我們想跟你們出去約會。」

她告訴他們，「可是，我們不想跟你們出去，所以，滾遠一點吧。」

然後一切發生得很突然。他們說，「噢，你不喜歡跟男生做，你喜歡女生，」愛波叫他們死到別的地方去，他們就罵愛波罵得很難聽，我不想在這兒重述那些話。她叫罵回去，「我要殺了你們這兩個下流的王八蛋！」

跟著我只知道牛奶飛了起來。愛波的準頭很好。紙盒打中了其中一個男的，他們兩個身上都濺滿了牛奶，不過牛奶也濺到了旁邊兩張椅子，還有一些乘客身上。

警察馬上就來了。他們說，「好啦，跟我們走。」我試著告訴他們是那些男的挑起來的，但他們沒給我機會解釋。

城北鐵路分局的後面有個拘留所，就在車站的露台上。他們把我和愛波關在那裡。逮捕我們的警察有一個我認識，就是波登警官。兩個警官愛波都認識。

愛波馬上在地板上躺下來，她還是不大舒服。「我好像要吐了，」她說。我跟她說，也許不是天使塵的關係，而是因為她懷孕了。「不會的，」她說，「我的小孩已經沒有了。」

「沒有了？什麼意思？」

「媽的你以為我是什麼意思？」

「你去墮胎了。」我往下看著她。她平躺在地板上，夾克枕在頭後面，手放在肚子上，眼睛盯著牢房欄杆的上方。我可以看見她眼裡流出的淚水。

「我本來要幫他取我哥哥的名字的，」她說。「我想叫他崔維斯。」眼淚滿出了眼眶，順著她的臉頰流下來，弄濕了她的耳朵，流到頭髮上。我也想哭了。

「我有白蘭地。我外套裡有一瓶黑莓白蘭地，也許你喝了胃會舒服一點。」

「你知道嗎，」她說，「把小孩拿掉是不對的。」

過了一個小時左右，他們就放我出來了。他們輸入完我們的資料，像是姓名、我媽的住址之類的，就讓我們跟他們一起坐在辦公室裡。愛波在牢房地板上昏了過去，除了天使塵之外，也許還因為喝了那些白蘭地。事實上，我甚至還想請他們也喝一點。他們說，「不，謝了。我們不想被人家看見。」所以我一個人把酒幹光了，就在他們面前。

已經是深夜了，只有波登和另外一個警察曼斯基還留在這裡。他們跟我開玩笑，說我很幸運，因為我只有十七歲，就算搞了一堆麻煩還是可以脫身。「要是滿十八歲的話，」波登說，「你就會被送到瑞克島去，那裡的女人們會把你活生生吃下去。」

曼斯基說，「就是啊，你跟愛波會變成人家的點心。」

我告訴他們，「我們別被抓到不就好了。」

「這個嘛，你們今天的運氣就不太好，不是嗎？事實上，我們必須把愛波送到城中分局，因為警局對她已經發出了逮捕令。」

這時我已經沒什麼難過的感覺了。我在曼斯基桌上昏昏欲睡的時候，強生警官走了進來。他身高不高，聲音低沈，黑髮，理平頭，看起來像個軍人。我跟他不大熟，不過他認識愛波。看到愛波睡在牢房地板上的時候，他說，「噢，我們的榮譽住客又回來啦。」

我聽到其他警察跟他說了西班牙裔人和牛奶的事，我大概是盹著了，因為跟著我就發現這個警官在搖晃我，跟我說，洗澡時間到了。我說，「你們什麼時候才要放我們走？」

「快了，」他說。「我們得完成一些例行的程序才能放你們。洗澡是第一步。」

我不覺得洗澡會是例行程序的一部份，不過，我知道什麼呢？畢竟，再怎麼樣也輪不到我來提出疑問吧。強生警官把我帶到他們樓上的更衣室，那裡可以沖澡。波登和曼斯基也上來了。熱水感覺真好。我根本不記得上次好好沖個澡是什麼時候了。因為吸了毒，我的心情大好，一點也不介意自己沒穿衣服讓旁邊三個警察看。

一關上水龍頭，我就覺得很冷，全身都起了雞皮疙瘩。那個警官說，「我有話告訴你，只要你幫我們一點忙，我們就不抓愛波。」他坐在一張椅子上，膝蓋上放著一條毛巾。他對我說，「要毛巾的話，就自己過來拿。」我不記得他穿了褲子或是內褲沒有，但我還是走過去拿起毛巾。我知道我該怎麼做。

波登和曼斯基還在門口，看著我們。我把眼睛閉得很緊，假裝自己不在這裡。

然後那個警官走了。波登把我的衣服還給我，我穿上，他們把我帶回樓下的牢房。愛波還是沒醒，全身冰冷的躺在地板上。幾個小時以後，我們被放了出來。

我一直沒告訴愛波那個警官的事。她覺得有些事情她可以做，但我不行。我想她如果知道了這件事一定會很生氣。但這件事並沒有太困擾我。那時候我吸了毒，所以沒什麼感覺。而且，我是為了愛波才這麼做的，全都是為了愛波。

＊＊＊

一切看起來已經糟到無以復加的地步，不過，正當我打算告訴全世界的人，尤其是撒馬利亞村的人滾遠一點的時候，每件事又逐漸上了軌道。首先，我不用再戴著那塊牌子了。一個禮拜以後，我又提出了回到初級班的申請，第二天，在全體會議的時候，他們宣布接受我的申請。又過了一個禮拜，南西告訴我，我應該申請回到中級班，猜猜看怎麼著，我又成功了！這就好像是老天經過一再地測試，已經知道了我的極限。要是再沒有好事發生，他們就得清理我掛在牆上的屍體了。

還有，我也交了一個新朋友。秋天的時候，麥特和我都在初級班。他也惹了幾次麻煩，我們有很多時間都在一起勞動服務，洗碗盤。現在他已經升上高級班了。不過他是我最常在一起的朋友。其實他到撒馬利亞的時間比我還晚，但我被踢回新生訓練班太多次了，所以他的進度反而遠遠超過我。他比我小一歲，紅髮，有雀斑，一張娃娃臉。臉上還有青春痘呢。

我們有很多時間在一起玩手球和散步。但時間沒有多到可以讓他們說我們是在談戀愛，像他們指責我跟洛伊那樣。三月初的時候，有一場暴風雪，我們在後面做了一個雪人，用石塊和樹枝來裝飾。太陽出來的時候，我們坐在那裡，看著它融化。

三月的時候，我提出了一份「旅行計畫」的申請。旅行計畫就是寫下你預計要做的事情和日期，像是回家探親、找朋友，或是到城裡去一趟之類的。他們會在全體會議上宣布你的申請有沒有被核准。

我申請回家一趟。我終於有了回家的勇氣。他們批准我可以在早上進城，晚上回來。

我一走進去就注意到客廳門口掛了玻璃珠串成的簾子，我知道，這一定是羅伯的主意。接下來我看到牆上掛的照片。五年級畢業典禮上的我、潔西卡和羅比的嬰兒照，還有一幅潔西卡的畫像。那是她兩歲的時候，她爸爸文斯請一個朋友照著拍立得照片畫的。這件事我記得很清楚。因為照片上的拇指畫起來很像陽具，我媽很不喜歡。文斯帶回去請那個朋友修改，不過始終沒改好。每次我看到這張畫，就會注意到那隻拇指掛在那裡的樣子。

這些照片我有好多年沒看見了，自從我們搬出阿斯托里亞就再也沒看過。我還以為這些照片已經被火災燒掉了。不知道這些年來它們到底藏到哪兒去了。

就連在喬治旅社的時候，家裡都還有我的東西。我會過去住上幾天，拿一些乾淨的衣服。但這個家是第一個我從來沒住過的家。這裡沒有任何我的東西，一件也沒有。只除了我的五年級畢業照，說明我也是這個地方或這個家的一份子。

一開始，孩子們有點害羞。離他們上次看到我的時候已經隔了一年了。我沒有抱他們，因為我知道對小孩來說，那有多不舒服。我把陪我來的撒馬利亞伙伴塔妮卡介紹給我媽認識時，他們待在旁邊看。潔西卡說，「我們養倉鼠喔，牠們叫做莫克和明蒂。」所以我們到孩子們的房間去看老鼠。書桌上有一個籠子，裡面養著兩隻毛絨絨的咖啡色倉鼠。

潔西卡把莫克和明蒂抓出來，我們坐在地板上，跟牠們玩。除了看倉鼠，更多的時間我都在看孩子們。潔西卡的臉已經不是小孩的樣子了。可以看出她變成青少年以後會有怎樣的輪廓。羅比長高了一點，可是以六歲小孩來說，實在太瘦了。他把潔西卡的倉鼠舉在手上，她想把牠拿回來的時候，他就大聲笑。我看到他的牙齒都蛀壞了。之後我問我媽有沒有帶羅比去看牙醫，她說沒有。她說，就算現在有蛀牙也沒關係，那是乳牙，反正本來就要換掉的。等他的恆齒長出來以後，她就會帶他去看醫生。

當孩子們玩膩了倉鼠以後，他們開始玩飛鏢。塔妮卡到客廳去看電視。羅伯在家，他在那裡看籃球還是曲棍球什麼的。我幫我媽準備晚餐。她告訴我法蘭基可能會從佛羅里達打電話過來，她曾寫信告訴他我今天要回家。我問他好不好，她告訴我，「他在坐牢。」我笑了出來，因為我以為她在開玩笑。她生氣的看了我一眼，叫我去擺碗盤。

「他真的在坐牢嗎？」

「我剛才不是這麼說的嗎？」

法蘭基坐牢？不可能，法蘭基不會坐牢的。「他究竟做了什麼事？」

「等他打電話來，」我媽說，「你可以自己問他。」

吃晚餐的時候，我媽得跟鄰居借椅子。因為吃飯的人有我媽、羅伯、孩子們，我和塔妮卡，東尼舅舅也來了，為了給我驚喜。東尼舅舅是室內設計師，我很喜歡他。我在中央車站的時候，跟他還有聯絡。但有一天，他終於受夠我了，我就沒再打電話給他。

他走進來的時候，我緊緊的擁抱他，他告訴我，我看起來好極了。我終於可以振作起來，他很為我感到驕傲。他想知道撒馬利亞的一切事情，我在那裡過得好不好等等，所有我媽沒想到要問的事情，他都想知道。也許，我媽就是不願意聽這些事吧。

我十二歲的時候，我們曾經跟東尼舅舅住了一陣子，就在火災之後。那是我住過最好的地方。如果不是因為罪惡感的話，我在那裡應該是會快樂得不得了的。我從沒告訴過任何人，我們之所以無家可歸，主要是我害的。

我們五歲的時候，搬進了皇后區阿斯托里亞大道的一棟住宅。那間房子有紅色的斜屋頂，還有一個小小的院子。那時候，我們家只有我、法蘭基，還有我爸我媽。潔西卡和羅比都還沒有出生，大概是我爸離開我們的一兩年之前。

有一陣子，我們跟正常家庭沒什麼兩樣。即使我爸常常酗酒。我還是擁有一些美好的回憶。他的工作時間是晚上，當保全，白天休息。有時候他會到幼稚園接我，把我扛在肩膀上，就那樣一路走回家。我覺得自己像個皇后。我有一張我爸的照片，他非常英俊。很容易看得出我媽為什麼會愛上他。

然後，他走了，文斯搬了進來。幾年以後，潔西卡出生了。法蘭基和我都討厭文斯，因為他想取代我爸的位置。他的年紀實在不夠格當我們的爸爸，他搬進來跟我們住的時候只有十九、二十歲。但，即使有諸多不順，我們還是一家人。有媽媽，有小孩，有個可以算是爸爸的人——潔西卡出生以後，文斯的確是爸爸沒錯——。我們甚至還養了一隻狗。

我們的後院跟鄰居的院子連在一起。我們這邊的院子清得很乾淨，但他們那邊有很多木頭和垃圾，火就是從那邊燒起來的。那時是晚上，潔西卡正在嬰兒床裡睡覺，法蘭基和我剛洗完澡。我們從後面的窗戶看見隔壁院子裡燒了起來。

我媽說，「蒂娜，快跑去巷口拉消防警鈴，快點！」

我跑下樓梯，打開門，發現自己只穿了睡褲，沒穿鞋子。我停下了腳步。因為不好意思就這樣跑出門去拉警鈴。所以，我沒去。

一定有人打電話給消防隊，因為他們還是來了。不過，等消防隊到場的時候，隔壁的半棟房子都已經陷入火海。我們的屋頂是相連的，他們必須把我們的屋頂也拆下來。火沒有燒過來，但我們遭了大水災，家具都損壞的很嚴重。這棟房子被判定不適合居住，我們失去了一切。只帶著搶救出來的一些衣服離開。

我們搬去跟文斯的父母住了幾個月。他們也住在阿斯托里亞。接著我媽和文斯分手，我們沒有地方可以住。東尼舅舅叫我們跟他一起去曼哈頓住。他的公寓只有一間臥室，他是同性戀，跟他的男朋友住一起。所以我媽、我、法蘭基和小寶寶得睡在客廳。但我不介意。這真是我見過最華麗的地方了。整個房間都鋪滿了地毯，陳設著昂貴的家具，還有埃及風味的裝潢。

火災發生的時候，我十二歲，那以後一切都開始變得不同了。那是童年期的結束，也是一個穩定的家的結束。是在親戚家、廉價旅社和市政府安排的住處之間四處漂泊的開始。我一直都懷著罪惡感，我覺得我們之所以離家是我的錯。如果我去拉警報鈴，可能消防隊就會來得快一點。

＊＊＊

我是這麼開始偷車的。有天晚上，傑奇來問我，要不要去幫他把風。我說，好啊。這天晚上行乞的收穫不怎麼樣。我們走到一條僻靜的街道，街燈不太亮，傑奇告訴我站在街角，看到有人過來，就吹口哨。

傑奇只花五分鐘就偷了兩部車，我連口哨都不用吹。他偷了兩台收音機，一件鞣皮軍用外套。第二輛車是一輛紅色的本田，就停在我身邊。我看到他沿著車窗的縫隙插進螺絲刀，把螺絲刀一直往後推，成了，車窗被打破了。然後他就把手伸進去，打開車門。全部只花了一分鐘的時間。

我們換到另一條街，傑奇又偷了三輛車、一台收音機、一個反超速偵測器、一個熱水瓶、一些零錢和半箱萬寶路香菸。我跟著他去了第十街的一家計程車公司：大都會計程車。那裡有人用每樣五塊的價錢買了傑奇的三台收音機和反超速偵測器。熱水瓶傑奇免費奉送。

我們平分了二十塊錢，還有那些零錢。所以，只花了半小時，我們每個人就拿到大約十一塊錢。我們把那箱香菸也分了。傑奇留下了軍用外套，他把原來穿的外套丟進垃圾車，把那件外套穿回中央車站。「看到沒有，」他說，「我們得一直換衣服，讓人家認不出來。」

有一天，上下班尖峰時間，我到女用洗手間去，好關起門來匆忙的吸一口快克。我出來的時候，愛波正站在鏡子前面畫口紅和眼線。

這是好幾個禮拜以來我第一次看到她。以前她因為吸快克看起來很憔悴，但現在她重了好幾磅，又穿著整潔，牛仔褲、一件漂亮的上衣，頭髮也很有光澤。她看起來一點也不像是住在中央車站的人了。我一從廁所走出來，她就從鏡子裡看到我了，跟我看到她同時。她說，「你在裡面偷吸毒。」

我告訴她，「不用跟我打招呼了。」

「你知道那玩意兒會要了你的命的。」

「噢，」我說，「難道你現在沒吸海洛英嗎？」

她沒否認，也沒問我是怎麼知道的。她走出洗手間，我跟在後面。她說，「我真高興現在不用住在這裡。我有沒有告訴你，我跟里奧搬到布朗克斯區去了？我們買了電爐，每天晚上我都煮米飯和豆子給他吃。我現在只是在這裡等他下班。他喜歡我跟他一道回家。」她看看手上的錶，是一隻全新的紅色Swatch。

我告訴她，「愛波，你跟我沒有什麼不同。事實上，你的情況比我還糟，因為你吸迷幻藥，而且已經成癮了。」

「這個嘛，海洛英比較好。海洛英只要十塊錢就可以打發一天了。快克的話老是要出去買。而且還得不吃不睡，要不是正在吸，就是在想辦法把它弄到手。」

我問她，「那你現在要到哪兒去呢？」因為她一定是要到四十二街去買毒品。

「去哪兒都行，不跟你一起去就是了，」她說。

她走出門，我一直跟在她後面。我以為，要是她轉身看到我，她就會記起我們對彼此有多重要。但她只說，「不要像一隻小笨狗似的跟著我好嗎？我告訴過你，我不想跟你在一起了，因為你還在吸那種該死的東西。」

從某個角度來看，關於海洛英的事，愛波其實沒說錯。但我也聽說過，毒品裡最難戒的就是海洛英。要戒掉快克很容易，幾天不抽就好了。而要戒掉海洛英簡直比死還難受。

「腳人」看到我坐在傑瑞小吃店的旁邊。他說，「蒂娜，你到哪兒去了？」好像我是他失散多時的女兒一樣，他有好幾個禮拜沒看到我了。

他帶我出去吃過三四次午飯。我總是點漢堡，薯條和酸黃瓜，脫掉我的球鞋，吃飯的時候，他就一直摸我的腳。之後，他還會塞五塊錢給我。有一次，回中央車站的途中，他帶我到店裡買了兩雙白色長筒襪給我。他說，「你漂亮的小腳應該只穿漂亮的新襪子。」

我以為他又要請我吃午飯，但這次他說想帶我到他辦公室去。我說，「什麼辦公室？你不是說你是管理員嗎？」

他說，「沒錯啊，那是管理員的辦公室。跟我來嘛，這次我給你十塊。」

他工作的大樓是跟中央車站連接在一起的高聳辦公大樓之一。他叫我跟得離他遠一點，免得讓人看出來我跟是他一起的。辦公室裡面有一張桌子，還很多清潔用具，拖把和水桶之類的。他指著門口的一個水槽，叫我把腳好好洗乾淨。所以我洗了又洗，刷了又刷，洗得手都酸了，一年以來我的腳都沒有這麼乾淨過。

我們躲進櫃子裡，免得被闖進來的人看到。他拿了一張椅子進去給我坐，自己站著。他抓起我的右腳，開始吸我的腳指頭。我以為他會像平常那樣摸我的腳，卻沒料到這一招，我甚至連聽都沒聽說過。感覺實在太奇怪了，我幾乎大笑起來。

他先是吸了我右腳的每根腳趾，再來輪到左腳。他的臉上有一種陶醉的表情，還發出砸嘴的聲音。我咬著牙，想其他的事，讓自己好好的坐著，等他完事。

正當我覺得再也忍不住笑的時候，他停了下來。這跟性行為不一樣，他沒有高潮或什麼的，他只是停下來而已。「噢，」他說，「你的小腳真是太神奇了。」

「這是我答應給你的十塊錢。我想盡快再見你，蒂娜。」

幾天以後「腳人」又來了。我坐在傑瑞小吃店旁邊，平常我坐的地方。「我帶了禮物來給你，」他說。他給了我一個袋子，裡面有個包裹，裝著三雙白襪子。他說，「你要好好當心你的腳，為了我。」

我又跟他到他的大樓的管理員辦公室去。我們又做了一樣的事。我把腳洗乾淨、我們躲進櫃子裡、他吸我的腳趾、給我十塊錢。

我想，哇，真不錯，什麼都不用做就有十塊錢。我只要把腳伸出來就好了。那以後，我每個星期至少跟他碰一次面。有時候我們去吃午飯，他在桌子底下摸我的腳。但多數時候我們都去他的辦公室，讓他吸我的腳趾。兩三次以後，我已經可以忍住不笑了。我想我已經習慣被人家吸腳趾頭了。

這件事之所以結束，是因為幾個月以後，我就沒看他在附近出現過了。

史莫基很擔心愛波。因為她只要一出現在車站附近，總是在睡覺。吸了十塊錢的海洛英以後，她就昏睡過去。在候車室睡、在下層車站的斜坡上睡、在隧道裡睡，到處睡。里奧也是整天都在睡。有時賣完報紙以後，他們甚至懶得回旅館，就在車站裡睡。

史莫基努力想跟愛波說話，勸她不要再吸海洛英了，或者至少把量減少一點。她不聽他的，所以他叫我試試。但她只是說，「你知道嗎，快克比海洛英糟糕多了。我不像你們這樣整天在外面跑來跑去，我可以休息，睡覺。」

「對啦，不過你能做的也就只有睡覺而已。」我告訴她。

「去你的，你這快克毒蟲，」她說，然後她就走開了。

有一天早上，我正在討錢的時候，里奧走了過來，問我，「愛波到哪兒去了？」我說，「我怎麼會知道愛波到哪裡去？」

他往四下看了一會兒，好像她就藏在附近似的，然後他問我今天有沒有賺到錢。我說，幾塊錢吧。他又四處看了看，說，「那個該死的婊子。」我知道他指的是愛波，不是我。他們最近處得不太好。「這樣好了，」他說，「如果你想爽一下，你可以跟我一起去上城。我要買一點海洛英。然後我會馬上回來這裡，因為三點我還要賣報紙。」

我說，好啊，我去。我們坐上了往上城的列車。里奧買了一個代幣，我則直接跳過旋轉門。我有錢，不過這是原則問題。我絕不付錢坐火車，當然，警察站在旁邊的時候除外。

跟里奧一起坐車感覺很奇怪。因為，即使我們現在不是敵人了，我們也不是真正的朋友。但如果我不能跟愛波在一起，那麼跟她喜歡的人在一起也不錯。這讓我覺得跟她更接近一點。而且，以一種瘋狂的觀點來看，也讓我覺得自己更像她。

我們在哈林區下車，走了三條街，有個人站在街角，一個毒販。瘦長個子的黑人，頭髮理得光光的。他說，「里奧，有何貴幹？」里奧買了一袋海洛英，這個人說，「她也要買嗎？」他沒有門牙。里奧說，「不，她是順道陪我來的。」

「那太可惜啦，」那個人對我說，「因為這可不是一般的次級貨噢，我的海洛英純度最高。這個禮拜你走遍紐約也找不到更好的東西了。」

「謝謝，我不要，」我告訴他。我和里奧開始走回車站。里奧放了一根吸管在袋子裡，另一端插進鼻孔，吸了起來。我們一邊走，他一邊吸，這時候正是正午，不過沒有人管他。這裡可是一一三街啊，誰有空看你呢？

我想著，噢，管他去死。有什麼關係。我告訴里奧，「給我。」

我們回到中央車站的時候，大概是二十分鐘以後，我覺得很不舒服。我吐在火車的上下車階梯上。里奧說，「別擔心，這很正常。不舒服過去以後，海洛英就會發揮功效，你會覺得很棒的」。

他說得沒錯，因為吐完以後那種反胃的感覺就消失了。我覺得很輕鬆，覺得自己在漂浮，一切都像是在夢裡。這跟快克完全不一樣，海洛英是一種讓人平靜下來的東西。你不必像吸快克的時候一樣到處跑來跑去，蹦蹦跳跳。海洛英吸起來的感覺，就像是在度假一樣。

車站旁邊靠萊辛頓大道這一頭的階梯上，有一個平台。我爬上去，在那上面睡著了。我不知道自己睡了多久，但我醒來的時候，仍然興致高昂。海洛英的效果持續了將近八個小時。我四處走來走去，吃了啤酒和熱狗，又睡著了。我討了一會兒錢，九點救世軍卡車來的時候，又吃了一點墨西哥菜。

我真的很享受第一次吸海洛英的經驗。這讓我覺得非常害怕。

＊＊＊

個案會談的時候，南西要我談談這趟回家的感覺。在個案會談上講話仍然並不容易。

「好，這次回家還不錯，」她說，「但到底好在哪裡呢？」

我說到我很高興我媽搬出廉價旅社。南西問他們在旅社住了多久，我告訴她，「在喬治王子住了大概三年，不過那是第二次。第一次，我們在馬丁尼昆旅社住了一年。」

「一定不好過吧。」

「對啊。馬丁尼昆到處都是老鼠和蟑螂，還有吸毒的人。大廳裡有人打架，甚至有人被強暴。我們大部分時間都得待在房間裡，我媽非常非常的消沈。」

「你怎麼看得出來她很消沈？」

「我不記得了。」

她說，「為什麼我覺得你記得呢？」

我問，「這算是什麼問題啊？」

「蒂娜，」南西說，「你在這裡一直很辛苦，但總算有所進步了。不管現在你有什麼感覺，試著克服它，把它放到一旁。」

我照著做了。我告訴他們，我媽很堅強，但對她來說，沒有自己的房子可以住，到處搬來搬去，真的很不好過，尤其還帶著三個小孩。所以當然她住廉價旅社的時候會意志消沈了，誰不會呢？有一天晚上，她終於崩潰了，大叫說再也受不了這種生活了，她要從窗戶往下跳。她衝進浴室，鎖上門。我們都很害怕，因為浴室有一扇窗戶，我們住的又有六層樓高。羅伯那時候跟我們住在一起，他沒辦法叫她從浴室裡出來，他告訴我們，「跟你們的媽媽說話，告訴她你們愛她，告訴她你們需要她。」

法蘭基和我開始拍打浴室的門，哭叫著說，「別跳，媽，我們愛你，我們需要你！」連只有三四歲的潔西卡都跟著叫，「別跳！」最後，我想是羅伯弄壞了門鎖，把她拉了出來。

「噢，蒂娜，你當時一定嚇壞了。」南西說。

「當然，我嚇壞了，而且還很有罪惡感。」

南西說，「為什麼你會有罪惡感呢？」我告訴她，那一場火災發生的時候，我沒有拉下警鈴，所以，我們會無家可歸，都是我的錯。這是我第一次告訴別人這件事。我想我哭了，因為有個女孩遞了一盒面紙給我。

「蒂娜，」南西說，「假如你真的跑出去拉了警鈴，你還會有罪惡感嗎？」

我抓了幾張面紙，擦擦眼睛，「也許還是會，」我告訴她，「因為那樣一來，我會覺得我當初應該跑得更快一點。」

我重新回到中級班，這是第二次了。我要擔負一些責任，我負責餐廳的事。一切都進展得很順利。

有一天，我正在餐廳工作的時候，有個導師帶了一個女孩子過來找我，告訴我她是新來的，而我是她的大姊姊。我有點驚訝，惹了這麼多麻煩以後，他們竟然還會相信我，把這種責任託付給我。

晚餐以後，我帶羅莎莉到YDA撒馬利亞為她安排好的房間去。我拿了一個小小的清潔用品包給她，裡面裝了洗髮精、肥皂和牙膏。我把她介紹給YDA的一些人。羅莎莉是那種外向的女生，相形之下，比較害羞的我反而得幫她跟大家熟絡起來，感覺有點怪怪的。

她告訴我她有快克毒癮。她的年紀跟我一樣，棕髮留到肩膀。我覺得她長得有那麼一點像愛波。

撒馬利亞村有時候會舉辦服裝秀或是才藝表演之類的活動。才藝表演的時候，每個人都可以上台表演，表現最好的人可以得到獎品。四月的時候，他們宣布，為了錄一張同步收音的唱片，要舉辦一場才藝表演。

麥特告訴我，「你應該參加，」我說，老天，不可能，我才不要上台站在大家面前，讓自己出洋相。麥特說，「你可以唱『放馬過來』（Hit Me with Your Best Shot）啊，因為為你唱得很好。」那是佩特・班納特（Pat Benatar）的歌，我最喜歡的一首歌之一。

我告訴他我沒有適當的衣服好穿，我的室友蘇西說，我可以穿她的黑襯衫和長褲。「我還可以幫你化妝，」她說，「我可以把你打扮得像搖滾明星一樣。」

我的另外一個室友說，「對啊，蒂娜，你應該參加的。」就連我的「小妹妹」羅莎莉都說，「去嘛，不然你就是沒膽子。」麥特告訴我，「我會幫你表演的，放心好了。」

然後，事情就這樣發生了。我根本不記得我說過「好吧，我參加。」但接下來發生的卻是，我走上了在自助餐廳裡搭起來的舞台，全身穿著黑衣服，臉上塗了大概半噸的化妝品，觀眾有好幾百人，我緊張得都快吐了。可是音樂已經響起，我開始跟著唱，歌詞我都背熟了。馬上，我就聽到大家都在笑。

一開始，我以為他們是在笑我，後來我才知道，麥特和另外一個男生在我後面表演兩個瘋狂打鬥的拳擊手。我看不見他們到底在搞什麼，不過他們的表演一定很好笑，因為笑聲一直沒停過。觀眾越是笑，我就表演得越賣力。同步錄音停止的時候，我們全體向觀眾鞠躬，每個人都鼓掌歡呼。結果呢，我得到了第一名。我簡直不敢相信。獎品是一瓶香水，我想我大概永遠用不上吧，不過我會一直留著它。

那時我手上擦著指甲油。我的指甲長長了，就像我在這裡也成長了一樣。

剛開始羅莎莉跟我說，「噢，你穿的T恤真好看，你穿藍色好漂亮。」她常常在我面前撥弄頭髮，有時候還問我可不可以幫她擦背。

我想，他們不該派這個「小妹妹」給我的。

四月的時候，舉辦了一場盛大的復活節派對。在派對上，羅莎莉告訴我她有多喜歡我，我想著，天啊，拜託別又來了，我才剛回到中級班。我不斷對自己說，蒂娜，你不停的努力，好不容易才走到這裡，你想繼續在治療計畫裡更進一步。現在，趕快走開就好。

但我沒走開。羅莎莉跟我溜下樓，回到我的房間，因為我以為在每個鐘頭例行的消防檢查之前，我們還有一點時間。可是我錯了。我們上樓五分鐘以後，檢查員茉莉打開我的房門。當時羅莎莉坐在椅子上，我靠在她身上，但茉莉只是把門關上，沒說什麼。我以為，她可能沒看見什麼不該看見的吧，羅莎莉跟我馬上回到派對去。

第二天早上，他們把我叫到幹部辦公室。裡面有兩個導師，南西和雪瑞麗。南西說，「我想你知道我們為什麼找你來吧，蒂娜。」她看起來非常非常嚴肅。就像有人剛死了一樣。

我告訴她們，「我一點都不知道。」

「好吧，」她說，「去『椅子』上坐。」

兩個小時之後她們又把我叫進去。

「現在怎麼樣？」南西說。

「好了，蒂娜，」雪瑞麗說，「別說廢話了，茉莉都看到了。你跟羅莎莉犯了基本規則。」

「不，不，事情不是那樣。她眼睛裡有東西，我是在幫她把眼睛裡的東西弄出來。」

她們並不相信我說的話，這一點我並不驚訝。誰會相信我呢？我自己都不太相信我自己，照我過去的紀錄來看。

他們召開了全體會議，每個人都參加了，因為這裡的規矩是，你可以在全體成員之前表達自己的意見。我把我對南西和雪瑞麗說過的話又對大家說了一次：羅莎莉眼睛裡有東西，我彎腰幫她弄出來。他們叫我回「椅子」上去，叫羅莎莉進去。我不知道她說了什麼，不過之後她也被叫了出來，讓大家討論怎麼處置我們。

等待的時候，我想著，我知道接下來會發生什麼事。但他們把我叫進去，告訴我，大家決定我還是離開比較好的時候，我崩潰了。聽到這些話就像被槍打中了一樣。

不過他們把羅莎莉留了下來。他們留下她，把我踢出去，因為他們覺得她比較有救。

現在，我該怎麼辦？我想要尖叫，大喊，告訴他們我不是故意的，他們一定要讓我留下來，因為我非常抱歉，因為我沒有其他地方可以去。如果他們不答應的話，我會抓狂，我會把這個該死的鬼地方拆成碎片。

現在，我到底該怎麼辦？這是個大問題。那天剩下的時間，我都待在房間裡，一邊收拾行李一邊哭。我沒有其他的事好做，因為別人不准跟我說話。

不知道中央車站的大家是不是還記得我。或者，當我走進以前那個當做家的地方的時候，會發現自己已經成了陌生人？我還能再融入那裡嗎？

我真的還想再回到那裡嗎？也許我想。也許我不想。

我已經在北部住了快一年。一旦你嘗過某種東西的好味道，就不想再失去它了。

他們讓我打電話給海麗葉。我不想打給她。天啊，我真不想打給她。我不知道到底該怎麼辦。「喂，海麗葉，我被踢出來了。」

「被踢出來？」

「撒馬利亞，他們開除我了。」

「噢，蒂娜！到底怎麼啦？」

我不知道該跟她說什麼。怎麼對她坦白說出我做的錯事？

那天晚上，我在外面那塊大石頭上坐著，一直坐到就寢的時間，想著未來，想著我該怎麼辦。海麗葉告訴我，可以去她家住，直到我們想出辦法來為止。

有時候想想，我不介意回到中央車站去。那是最簡單的方法。而且，事實上，有很多人都會離開中央車站一陣子，去坐牢，或是去住精神病院，回來的時候，大家還是會記得他們。如果我現在回去，還是會有朋友。我想到點上火，吸一口快克，忍不住心裡顫抖起來。

不過我一定會想念鄉下。我會想念夜晚的天空。我想像著天空的感覺，柔軟，溫暖又安全。我甚至可以碰到星星。

聽到愛波死訊的那個晚上，我在牢裡。我透過牢房欄杆往外看，凝視天空和星星很長很長的時間。這讓我覺得跟愛波更靠近。一會兒之後，我開始跟她說話。我告訴她，聽著，愛波，如果你能聽見我說的話，拜託給我一個指示，讓我知道你沒事，好不好？兩分鐘之後，我發誓這是真的，兩分鐘之後，我看到一顆流星劃過天邊。

所以，今天晚上，坐在撒馬利亞後面的石頭上，我仰頭看著天空，又跟愛波說起話來。我告訴她，愛波，我真的搞砸了。我有過機會，但我搞砸了，也許我不配再有第二次機會。也許中央車站才是我該去的地方。

它又發生了。我看到一顆流星劃過天空。我幾乎不敢相信，這種事情簡直就像電影情節一樣。這是愛波給我的回答。她是在告訴我，我必須繼續努力，只要我一直努力下去不放棄，最後一定會克服所有困難的。

第三部

我們都很想念愛波，我和傑奇主要因為這一點而覺得同病相憐。愛波也開始疏遠他，我猜，這就是他找我幫他偷車把風的原因。我們沒怎麼說到愛波，但我們有共識：愛波傷害了我們兩個人。

通常，我都是站著把風，不過有時候傑奇會把螺絲刀給我，讓我把車窗撬開。他最喜歡偷的車是車牌上有NYP字樣的。NYP代表紐約新聞界從業人員（New York Press）。很多這種車會停在四十二街的每日新聞大樓附近，這些新聞業人員的車廂裡總有一些好東西：昂貴的照相機、攝影器材和錄音設備。傑奇會把這些東西拿去當，然後跟我平分那些錢。我們到他的住的一個地方去吸毒，睡覺。

他大部分時間住在四十七街和萊辛頓大道交口的羅斯福旅社的一間浴室裡。傑奇不認識羅斯福旅社的人，我猜他只是剛巧找到了一扇可以偷進去的門。看得出來那間浴室很久沒人用了，因為裡面堆滿了垃圾，破掉的毯子、毛巾、一張壞掉的椅子、一個檔案櫃、燈罩和成堆發黃的雜誌。傑奇在地上鋪了一條毯子，我們必須擠在一起，才能坐得下來或躺得下來，因為地板上剩下的空間不多。

我們抽了一點快克。他沒有像平常吸了毒以後那樣變得歇斯底里。這間小浴室就像他的繭一樣，他在這裡覺得很安心。

「我是體面人家出身的，」我第一次去的時候，他這麼告訴我，「我不能回家。我媽是高中數學老師，她現在再也不跟我說話了。」

「不然你想怎麼樣呢？你一直吸毒，又偷車。」

「是啊，」他說，「我十二歲的時候，他們把我送到青少年之家，那種不良少年待的地方。愛波有沒有告訴你，我們就是在那兒認識的？我不怪我的家人，因為我真的很會闖禍，現在也一樣。我吸快克已經兩年了，這種東西真的會鑽進你的腦袋。有時候，我很想自殺，因為老是有人在後面跟蹤我。」我告訴他，「你最好戒掉一陣子。」

天亮前他叫醒我，因為我們得在沒有人看到之前離開。我們走之前，他拉開了檔案櫃的一個抽屜，我看到裡面塞滿了衣服。他換上卡其褲和一件條紋襯衫，然後我們就溜了出去。

現在，每個禮拜一次，如果我有十塊錢的話，就會跟里奧一起到上城去。他買一袋海洛英，我也買一袋。他通常都在早上很早的時間去，那時愛波還在旅社房間裡睡覺。我們會買一些快克，彼此平分，接著我回中央車站，他則去賣報紙。

柯瑞對我吸海洛英很有意見。他把我弄得很火大。「愛波讓你染上了快克毒癮，」他說，「現在你又吸上了海洛英。你一定會徹底完蛋的，就跟她一樣。」

我告訴他，「不是愛波讓我染上毒癮的，她一直叫我不要吸。她也沒叫我吸海洛英。」「可是你之所以開始吸毒都是為了愛波。她做的每件事你都會跟著做。」

「柯瑞，去你的。」我告訴他。因為他說得對，我的確沒想到這一點。

我聽說注射海洛英會比吸的感覺更好。所以泰隆叫我跟他一起去一個毒窟（Shooting Gallery）的時候，我想，也好，去一次又不會死。

我們搭上往紐約東區的火車，到了一個看起來像是轟炸後廢墟的地方。跟奇威在南布朗克斯區住的地方有點像。這個毒窟是在一棟半倒的建築物裡頭。外面有一個人沒精打彩的坐在塑膠牛奶箱上，一個穿著破洞牛仔褲和一件有哈佛字樣夾克的黑人。他在打瞌睡，不過還沒睡著。我們一接近門口，他就睜開眼睛向上看——他全身好像只剩下眼睛還能動，頭卻動不了似的，打量著我跟泰羅，說，「上去吧。」

我們必須爬過柱子和磚頭才能進到裡面。我的視線不太清楚，因為裡面的窗戶都被煤渣磚擋住了，只點了幾隻蠟燭來照明。裡面大概有八到十個人，他們看起來像是牛奶箱上的影子。而且這裡很安靜，沒有人說話。大家都在加熱自己的東西，然後把手臂綁起來，注射海洛英；要不就是睡著了。每個人都到了另外一個世界。空氣裡有小便和灰泥發霉的味道。

泰隆給了帶頭的人一點錢，買了海洛英和一支新的注射針。他告訴我，可以買包裝還沒拆開過的新針頭，或者少花點錢，租別人的針頭。「不過用新針頭比較安全，」泰隆說。我看著他把海洛英放在湯匙裡，倒進一點點水，剛夠裝滿湯匙，然後在湯匙下面點上火，慢慢煮它，直到煮成黏稠的漿狀。他用一條橡皮管把手臂緊緊扎住，讓血管浮出來，然後把海洛英裝進注射器，把針頭插進血管。注射之前他抽了一點血到注射器裡頭，把注射器往回推一點，然後就一路往前推，把所有的海洛英都打進血管。

現在我的眼睛比較習慣了，可以看到一些其他人的樣子了。有兩個是女的，我猜，不過不能確定，因為她們實在瘦得不成人形。這些人讓我覺得毛骨悚然，就像是跟滿屋子的殭屍在一起一樣。我不知道有一天泰隆會不會變得跟他們一樣。

他把針頭拔出來，遞給我。「不用了，」我說，「算了。」

看著這個地方，我明白，這是一條我不願意跨過的界線。我吸了一點海洛英，我們搭車回到中央車站。我和泰隆就此分道揚鑣。

我以為吸海洛英可以讓我和愛波重新變成好朋友，我錯了。她到中央車站來的時候，不再四處閒晃了。里奧和他表哥賣報紙的時候，她就坐在一邊。看到我，她說，「嗨，最近好嗎？」我們會聊上幾句，不過都是些不關痛癢的話題。就像她跟我一點也不熟似的。我跟里奧在一起的時間還比愛波多。

現在我不怎麼吸快克了。有時候，我會用海洛英當興奮劑。不吸海洛英的時候，一天也會抽好幾瓶快克。可是現在快克不是重點了，我有了海洛英。

吸海洛英的時候我比較放鬆。那種感覺就像，滴答滴答滴，我很好。我可以慢慢享受這一天，不用像吸快克的時候一樣，整天坐立不安在外面跑來跑去。這樣當然比較舒服。可以保護我不受到太多傷害。很多次我跟里奧一起到上城去買毒品的時候，他的朋友赫克特都會跟我們一起去。我們會到一〇三街和第二大道交叉口某人的公寓去，因為赫克特是用打的的不是用吸的，那裡有地方可以讓他注射。

有一天，我忽然發現里奧不只是吸，也用打的了。我記得他跟赫克特說過，「你應該自己買一枝注射針，」不過他們沒有錢既買海洛英又買注射器，所以，里奧說，「好吧，你用我的針頭好了，我會小心不弄進血跡。」

之後，里奧就再也不用吸的而改用注射的了。赫克特在的時候，他們就共用一隻針頭。

我問里奧，愛波現在是不是也用打的。他說，「幹，才沒有，她沒有用打的。我告訴過她一百次，如果我抓到她打海洛英的話，我一定會揍死她。我愛她勝過自己的生命。」

開小吃店的傑瑞那時候對我很親切。我過去那裡晃的時候，他會到樓梯下面來跟我說話。有時候他會坐在階梯上，開我玩笑說，「怎麼樣，你今天『吹』了幾根啊？」我會笑著回答，「怎麼，你嫉妒我嗎？」

我討錢的時候他總會丟給我一個硬幣。到小吃店的時候，如果碰上他心情好的話，也會請我吃三明治和酸黃瓜，或是一杯湯，一小塊蛋糕。他會問我最近怎麼樣，或是昨天晚上我做了些什麼事，睡在哪裡。不是多管閒事，而是真的很關心的樣子。

有一天在尖峰時間，我正在行乞，他告訴我，「小鬼，找份工作吧。」

我說，「也許你有工作可以給我做？」

他說，沒錯，他有。他說我可以在他店裡每天打工幾個小時。「我的儲藏室需要人手，你也可以做些外送工作。沒有薪水，不過店裡的東西隨你吃，外送的小費也算你的。」

結果，我發現我很喜歡這份小吃店的工作。讓我每天有幾個小時有事可做。我拆開紙箱，把貨品上架，確定舊的貨品排在前面，新的貨品排在後面。我也送外賣到辦公室去。傑瑞僱了兩個人外送，不過有時候訂單很多，我們得同時出動才來得及。每次送餐我都拿到小費，通常是兩塊錢到三塊錢。光靠外送三明治和咖啡，幾個小時下來，我就可以賺進十五塊錢。傑瑞吩咐店裡看櫃臺的人，讓我想吃什麼就吃什麼。

* * *

海麗葉告訴我，搭小客車到皇后區以後，就搭計程車到她家。她說自己不在家，不過喬治的兒子在，他會幫我付計程車錢。我以前見過他幾次。他大概二十八歲，是喬治第一次結婚生的小孩。他叫我打開電視，自己找點東西吃。可是我太緊張了，只能呆呆的坐著等喬治和海麗葉回家。我不知道會發生什麼事。

還好沒什麼。喬治下來跟我打招呼，海麗葉告訴我我可以一直住到他們幫我找到其他地方為止。我猜她跟撒馬利亞的人談過了。因為她已經知道我被開除的原因。他們現在沒時間跟我談，因為有人在樓上等他們談生意上的事，不過他們看起來至少沒有生氣。

艾比放學回來的時候，很高興看到我。她長高了，臉頰也消去了嬰兒肥。她現在十二歲，不過要說是十六歲大概也可以。我們一起吃了晚餐，看了一個晚上的電視。

深夜，我到門口的台階上抽煙。街道非常寧靜，幾乎就像鄉下一樣。上次我坐在這裡，是整整一年前的事了。撒馬利亞村的一切就像是一場夢。

海麗葉說，「我以為你在撒馬利亞村很快樂，蒂娜。你為什麼不再加油一點呢？」

「就是一直有事。你知道嗎？我做的事大家也都做過，只是我每次都被抓到而已。」

「你有沒有想過接下來你要怎麼辦呢？」我有沒有想過？我以為她會幫我想。我不知道我想做什麼。我到底有那些選擇？我一點也不知道。

我剛從一個每天每分鐘都有人告訴你接下來該做什麼的地方回來，他們指導我過日子，幫我設定目標。然後，突然之間，砰的一聲，我就被趕了出來。沒有準備，沒有心理調適，什麼都沒有。我著實被嚇到了。

海麗葉打電話給撒馬利亞村皇后區的溫蒂，想幫我爭取重來一次的機會。不過，以我的情況來說，大概應該是「第二十次重來的機會」才對。最後，他們拒絕了，我不怪他們。我相信就連地獄也不想要我回去。

我每天接艾比放學。勉強有點事做。除此之外，我不大出門。要是中央車站的人看見我怎麼辦？要是他們說，「喂，蒂娜，跟我們一起來吧，」而我真的去了，那該怎麼辦？光想到這一點，就讓我全身都起了雞皮疙瘩，但不只是因為害怕才這樣。

喬治告訴我，他可以付我錢，讓我打掃後院。但我沒答應。海麗葉打電話給戴脫普戒毒中心（Daytop Village），幫我安排了會面。

我打電話告訴我媽我住在海麗葉家的時候，她問，「你還好嗎？」我告訴她我很好。她問我為什麼沒待在撒馬利亞村，我說他們把我踢出來了，因為我違反了一項基本規定。

戴脫普拒絕了我。我的資格不符，因為我待在撒馬利亞的時間太久了，已經沒有真正的毒癮問題了。我很高興他們沒有收我。有人告訴我，要是在那裡犯規的話，會被剃光頭。我想我一定會頂著個大光頭出來。

海麗葉叫我去參加一些ＮＡ的聚會。ＮＡ是指藥物上癮匿名者（Narcotics Anonymous）協會。她說，「我們會幫你找一個近一點的，你一定要做點什麼，蒂娜。」

海麗葉和喬治正在籌組一個新的組織。叫做「關懷之家」（RWA: Ready Willing and Able），提供工作給遊民，協助無家可歸的家庭建造房子。喬治跟市政府訂立合約，負責重建廢棄的大樓。海麗葉說，要是找不到戒毒中心願意收我，或是我找不到工作的話，或許可以考慮讓我加入這個計畫。

海麗葉向我說明，參加的人必須先住在布魯克林區的ＲＷＡ，接受建築工作訓練。加入工作以後，時薪是六到七塊錢。有一部分薪水會先被存起來，等到九個月以後計畫結束的時候，可以拿到一千塊錢。然後ＲＷＡ會再拿出一千塊錢給大家，並且協助他們找住處和工作。海麗葉說，幾個禮拜以後，這個計畫就會正式展開。

NA聚會在第一大道上，靠近九十街。一開始，每個人必須先輪流說，「嗨，我是某某某，我有毒癮。」然後大家上台講出自己的故事。怎麼染上毒癮的，怎麼陷入絕境的，絕境是真正重新振作的開始。這樣進行幾個小時，中間供應咖啡和點心。最後以禱告做結束。他們告訴大家，一定要再回來參加聚會。

我是那裡年紀最小的。我猜其他每個人都超過三十歲。每次我去的時候都坐在後面，喝兩三杯咖啡，吃點心，從來沒開口說過話。第四次的時候，他們認得我的臉了。聚會結束以後，有兩個女人過來跟我說，「親愛的，下次你得讓自己站起來說話。記住，大家都是你的朋友。」我說好，然後我就再也沒去了。

我從這些聚會唯一學到的是喝咖啡。我以前偶爾會喝，可是直到NA聚會以後，我才真正開始喜歡喝咖啡。

我沒告訴海麗葉我不去聚會了。我沒有勇氣。所以，NA聚會的晚上，晚餐之後，我就離開家，走到第一大道。一開始我只是在外面呆呆坐上兩個鐘頭，可是兩個鐘頭實在太難消磨了，所以，我開始散步。

十二歲那場火災讓我們無家可歸，我們搬去跟東尼舅舅住在第三十八街的時候，附近有一個公園，我媽常常帶我們去那裡。那是我最快樂的時光之一，因為我很喜歡住在東尼舅舅家。而那段日子我媽也很難得的沒跟男朋友糾纏不清。她剛跟潔西卡的爸爸文斯分手，還沒有認識羅伯。第一次，我媽是我一個人的。我們彼此聊天，我幫她照顧弟妹，她甚至會問我對一些事情的意見。我和我媽從沒有像那段時間一樣親近過。

我開始在在NA聚會的晚上走路到城中區。我買一罐可樂，坐在公園裡我媽以前帶我們去的地方。那裡很暗，我坐在沙地上，過去我教過潔西卡建沙堡的地方。或者，我會爬到單槓上，法蘭基和我過去曾經在這裡比賽誰可以單腳倒吊得比較久。我一直在公園待到八點半或九點，然後再走回上城海麗葉家。若是她問起，我就告訴她，NA聚會進行得還不錯。

我寫信給我弟弟和麥特。我覺得孤單，想念待在撒馬利亞的日子。我特別想念麥特，還有我的室友蘇西和黛娜。我覺得沒有歸屬感。

昨天晚上我做了一個可怕的惡夢，我又開始吸毒，而且，我一點也不在乎。

「你今天做了些什麼？蒂娜？」喬治在晚餐的時候總會問我。

我老是回答得有氣無力，「嗯，我接艾比放學，」或是「我幫海麗葉買東西。」

「有沒有找到工作?」去你的，喬治。難道我得完全靠自己，動用我「交遊廣闊」的人脈關係來找工作嗎?我和喬治之間產生了摩擦。

中央車站現在離我這麼近，真是可怕。當我走到城中東尼舅舅家附近的小公園的時候，離車站只不過五六條街遠。

所以，走到城中區，對我來說就像走在拉緊的繩索上一樣。我必須小心我踏出的每一步，注意自己往哪走。因為，只要一朝左邊或右邊看，我就會失去平衡而跌倒。

***

愛波一跟里奧分手，馬上又開始吸快克。她整天只想在街上走來走去，邊抽快克，邊聊里奧的一切事情。里奧怎麼告訴她必須分手，什麼因為他不夠好，如果他們再在一起，只會連她一起毀了。她又怎麼求他不要離開她，怎麼告訴他，她寧願毀了自己也不願意跟他分開。

愛波在一個地方沒辦法待上超過五分鐘，她的情緒很不穩。我一直陪著她。

我們在一個天橋上抽煙，看著一艘駁船駛下東河。天氣看起來快要下雨了，風一陣陣吹過來，拍打著我們的頭髮，把我們的外套灌得鼓鼓的。愛波剛喝完一瓶黑莓白蘭地，把瓶子越過欄杆丟進水裡。瓶子濺起了一點水花，不過沒有沈下去。我告訴她，「走吧，這裡風太大了，很難抽煙。」

「我為他殺掉了我自己的小孩，」她說。

「那不是謀殺，你只是墮胎而已。」

「都一樣。現在我兩個都沒了。」

「走吧，」我說。我下樓梯下到一半才發現愛波沒跟上來。

她懸空吊在欄杆上，就吊在水面上，我慌忙跑上去抓住她的外套，把她拉回來。我喊著，「你他媽的到底在搞什麼鬼！」她回喊了一些話，但被風吹散了聽不清楚。我站在那裡，手裡抓著愛波的空外套，她又跑回欄杆，爬了上去。這次我抓住了她的一隻腿，她開始踢我的臉和胸前，想把我甩開。她說她要去找哥哥。我盡力抓住她，用力把她拉回來，直到把她拖離欄杆為止。我們在地上倒成一堆，愛波壓在我上面。

我抓住她的腰，讓她不要亂動。她並沒再試著爬起來，只是躺在那裡哭了起來。哭得很用力，幾乎喘不過氣來。我一直抱著她，直到她不哭為止。

這時候我遇見了席維。我正待在西廊下的一間酒品商店外面乞討。有時候，如果討夠了錢，我會請人進去幫我買一品脫的黑莓白蘭地。他們當然不會賣給我。我才十七歲，而且看起來根本不像有那麼大年紀。

我注意到有個高高瘦瘦的黑人，大概三十多歲，每個禮拜總要經過這兒兩三次。只要他看見我坐在賣酒商店的旁邊，他就會唱這首歌，「她來了，一邊走過街，一邊唱著嘟比嘟搭搭，嘟比嘟搭搭」，有時候還配上舞步。大部分時候，我都假裝沒看到。

後來，他經過的時候，會說「哈囉」或是「你好啊」。有一天，他在我旁邊坐下來，從背包裡拿出一間T恤，「穿上這個，」他說，「我不想看到你穿著髒衣服。」

「又沒人叫你看。」

「別耍嘴皮子了。小ㄚ頭。你到底幾歲？」我告訴他十九歲，他說，「噢，才怪，你一定還沒滿十四歲。」

「對不起，我十七歲。而且我幾歲不關你的事。」席維對我露齒微笑。他留著一點小鬍子，牙齒很大，又平又白，他的微笑不只表現在嘴巴動作而已，連眼睛都有笑意。

我拿著T恤進了洗手間換上。回來的時候，他還坐在台階上，看著人來人往，踏著腳，吹口哨唱著。他告訴我，「那件髒的給我。下次我洗衣服的時候拿去一起洗。」

我把髒的T恤給了他，反正那不是我的衣服。是一件舊的綠色厚T恤，我在隧道裡找到的，他把衣服塞進背包，走了。我來不及開口叫他幫我買白蘭地。

一兩天之後他回來了。把那件T恤從背包裡拿出來，衣服洗得乾乾淨淨，疊得整整齊齊，就像我小時候我媽都會幫我疊好衣服那樣。他說，「你上次洗澡是什麼時候？」

我告訴他，「不記得了。」

「我想也是。你太可愛了，身上怎麼可以發臭呢？」他告訴我跟他走，我跟著去了。我想，我開始信任他了，或者，我只是喜歡他的微笑而已。

他在車站下層有個儲物櫃，裝滿了乾淨的衣服。他找到一件牛仔褲，看起來尺寸很小，我應該可以穿。一雙襪子，一瓶普瑞爾洗髮精。他把這些全裝進背包裡，帶我到四十三街的女青年會。只要付兩塊錢，就可以一整天使用這裡的設備。他付了兩塊錢，我洗了澡，洗了頭，穿上乾淨的衣服，半個小時以後，我到外面跟他會合。

幾天以後，他又到中央車站來找我。他把我的髒衣服都洗乾淨疊好了。我不需要乾淨的衣服，我身上穿的還沒髒，所以他就把衣服收進置物櫃裡。

後來，他來成了習慣。每隔幾個禮拜，他就會帶我到女青年會洗澡，換上他從櫃子裡挖出來的乾淨衣服。他甚至開始幫我準備牙刷和牙膏。如果我那天沒吃飯，他就會買漢堡或披薩請我。他對我的方式有點像史莫基對愛波那樣，他總是照顧著她，讓她有東西吃，有乾淨衣服穿。現在，我也有人照顧了。

席維說他跟姊姊住在長島。我不知道他為什麼會來中央車站。因為我們初識的那段時間，他還沒有開始吸快克。他抽天使塵和大麻，沒碰別的。他有一些朋友，也在車站附近晃，大部分時間他都跟一個年紀比較大的叫布萊基的人在一起。當然了，還有跟我一起。

一開始，我就很清楚的表態，性行為不會是我們友誼的一部份，不過他並不介意。基本上，他只把我當作一個需要照顧的小孩。

＊＊＊

我在傑瑞的儲藏室流產，最後進了貝勒富醫院的精神病房，那是在七月的時候。當時我甚至不知道我懷孕了，我完全搞不清楚發生了什麼事。那天我穿著農夫式的一件式背心褲，突然覺得想小便，然後血就流滿了我的褲子。傑瑞的嫂子，掌管收銀機的，叫來了救護車，把我送到貝勒富。傑瑞在那裡跟我碰面。我還在急診室的時候，我媽來了。我媽沒多說什麼，但看來很不高興。

過了一會兒，傑瑞來了。他說，「聽著，蒂娜，你媽跟醫生談過了，他們希望你在樓上的精神病房住一陣子。」

我說，「精神病房？見鬼了，我才不要，我又沒瘋。」

「對，你沒瘋。」傑瑞說，「這祇是為了觀察，他們覺得你有一些行為需要矯正。」

「我不需要矯正。他們不能逼我留下來。」

「可以的，」傑瑞說，「他們可以。」

我告訴傑瑞，「我想跟我媽說話，我媽呢？」那時，他告訴我她走了。他跟我說，她不知道應該拿我怎麼辦，所以決定讓法院來監護我。我說，「為什麼她自己不進來告訴我這些話呢？」

「嗯，她急著要趕回家。」

「她倒好，終於可以擺脫我了。」傑瑞走之前，給了我幾塊錢買香菸，說，「喂，小鬼，如果你不想告訴我，就不用說，不過，小孩的爸爸是誰？」

我說，「什麼爸爸？」因為，就算我知道我剛剛流產了，我還是沒把事情跟嬰兒或是嬰兒的父親連結起來。

「喔，失禮了，」傑瑞說，「我倒不知道你是聖母馬利亞，可以處女懷孕呢。」

他走了以後，我躺在急診室裡，等他們把我送上樓，一直想著這件事。我想著要不是柯瑞，就可能是奇威。我在腦海裡想到他們兩個的樣子。他們看來跟爸爸這兩個字實在扯不上關係。我並不介意去住瘋人院，對我來說，那就像放幾天假一樣。我介意的是我媽的作法，她這樣做真是傷透了我的心。

我在貝勒富待了一個月以上，日子過得並不壞，我整天玩牌，看電視。我的病房裡沒有暴力型的病人，每個人都很安靜，每天睡很多。他們老是在電視機前面打瞌睡，或是玩大富翁玩到一半的時候就睡著了。還有史丹每個禮拜都會送我一點錢給我買糖果。他是每天晚上到中央車站幫救世軍分發熱湯和三明治的人。定時供應的食物、錢、糖果、香菸還有電視，我在這裡胖了十磅。最後，他們終於認定我沒瘋，我有點失望。因為不想離開這裡。

愛波從沒來看過我，雖然我是允許會客的。柯瑞和史莫基來過。我問他們，愛波為什麼不來，史莫基說，她現在狀況很不好。他說，「愛波正在把靈魂賣給快克的惡魔。」

傑瑞來看過我幾次。告訴我這是個新的開始。現在我乾乾淨淨，身體裡沒有毒品，我很年輕，我不屬於中央車站，也不應該是快克毒癮患者。我可以開始新生活，我必須想想我的將來，我必須上學，受教育。

我告訴他，「鬼扯，傑瑞，我什麼都不用做。連我媽都放棄我了，現在我是自己的主人。我完全自由了。」

傑瑞說，事情不是這樣，因為法院還是我的監護人。但在我看來，事情就是這樣。我媽把她應該負的責任丟給了我自己，所以，我認為，現在我對她也沒有任何責任了。我自由了。

九月初，貝勒富把我交給兒童福利局監護。社工人員告訴我，我必須住在青少年之家。他們送我去的青少年之家在史特丹島。那裡擠滿了人，沒人看管，小孩在床上跳來跳去，把鼻涕黏在牆壁上。你知道離開這個地方對我來說有多容易嗎？第二天早上，我打開門，就走了出去。一直走到一個有公共電話的加油站，打了一通對方付費電話給史丹，他剛好就住在史特丹島。他到加油站來接我，送我回紐約。

青少年之家沒來追我。我知道。我十七歲了，我猜，他們會想，何必麻煩呢？我甚至懷疑會不會有人注意到我已經跑掉了。

我回到了中央車站，哇，就像回到家一樣。每個人都很高興看到我，連愛波也很當一回事的幫我慶祝。她說，「喂，大家注意，蒂娜回來了！」每個人都送我免費的快克，狂歡時間開始。

哇，保持乾淨一個月以後再吸快克，它帶來的強力衝擊就像我第一次吸一樣。

傑瑞沒叫我回小吃店工作，我也沒要求。我第一次看到他，是跟杜恩進去買香菸。我想他一看到我就知道我又吸毒了。他只說，「喂，丫頭，」把香菸遞過來。但他看著我的表情非常失望。他給我一份工作，幫助我，當我的朋友，我卻讓他失望了。我必須轉頭看別的地方。那是我第一次感到羞愧。我抽了一個禮拜的快克。

如果你深深吸一口氣，然後憋住呼吸，憋到感覺要爆炸為止，然後慢慢呼氣，很慢很慢的，你的頭就會開始輕飄飄的，心跳得很快很快，這跟吸毒的快感有一點相像。

在海麗葉家，我每天都想到這種感覺。那是我的一部份。快克，不管我喜不喜歡，我曾經做過的這件事永遠會是我的一部份。

海麗葉說，「喬治對你不太高興呢。」我正在幫她把廚房台子上的衣服疊好。

「你是什麼意思？喬治為什麼對我不高興？」

「他覺得你無所事事。」

我沒說話，只是繼續折毛巾。但我很生氣。我也很想做事啊，我不知道應該從哪裡開始。我以為這一點他們應該幫我。

那天晚上他回家的時候，說，「蒂娜，我們談談吧。」我們坐在樓上的客廳裡，海麗葉也在，喬治說，「你有什麼計畫？」

「我沒什麼計畫。」

他說，「你知道你不能永遠在這兒住下去，對吧？」

「我當然知道。」雖然，在內心深處，我很希望在這裡一直住下去。他們給我一種感覺，好像自己也是他們家的一份子，這讓我覺得安心。我告訴他，「現在只過了兩個禮拜，我並沒有在這兒住上一年或什麼的。」

我可以看得出來喬治生氣了。他忍著不發脾氣，但我從他的眼神可以看得出來。「聽著，小丫頭，我們把你送進撒馬利亞，你搞砸了。你想再回到街頭，吸快克，痛飲伏特加，我阻止不了你。如果你不想那樣，最好做點事。」

我也很不爽。「好啊，喬治，你希望我找地方住，可是我沒錢。你希望我找工作，可是我沒有工作經驗。你希望我保持清醒，可是你們自己還不是喝酒。你以為自己是誰？上帝嗎？」一片沈默。像冰一樣可怕的沈默。喬治坐在那裡，盯著我一兩分鐘。我想，他咬緊了牙齒。我等著他從椅子上跳起來揍我，但他只是站起來，回到自己的房間，把門關了起來。

「蒂娜，」海麗葉說，「你回樓下去好了。」

一整個晚上，我躺在艾比的房裡自己的床上沒有動。我聽見他們在廚房吃晚餐，接著我聽見艾比看電視的聲音。她上床的時候，我假裝睡著了。

我覺得自己一無是處，非常愚蠢。在撒馬利亞我搞砸了每件事，被踢了出來。現在在喬治和海麗葉家我又搞砸了一切。艾比熄燈以後，我一直哭到睡著。

早上，我在床上待到喬治和艾比出門才起來。我出來的時候，海麗葉坐在廚房流理台旁，喝著一杯卡布其諾。「吃點早餐吧，」她說。

我坐在那裡，撥著鬆餅屑。我的眼睛腫腫的，因為昨天哭了太久。

「你說過如果我們找不到戒毒中心收容你，你願意到關懷之家（RWA）試試對嗎？」

「嗯，當然。」

雖然，關懷之家有另外一個問題。進關懷之家之前，必須先到收容所待幾個禮拜，但我要去的收容所要到兩星期以後才有空位。而現在繼續住在喬治和海麗葉家讓我感覺很不自在，在我表現出那麼混蛋的態度以後。一切都已經改變了。所以，我做了最習慣的選擇——逃走。不過這次我知道我不想跑回中央車站。

我打電話給傑美，她跟海麗葉談過了，知道發生了什麼事。她告訴我，可以去住她家，住到收容所有位置空出來為止。所以，我收拾行囊，搬到了市中心。我睡在他兒子的雙層床的上舖，帶狗去散步，看很多電視。那是很奇怪的兩個禮拜，因為除了等待，我沒有其他事情做。

收容所在一二三街，擠在哈林區的正中央。除了進關懷之家需要通過這一關以外，我想不出還有什麼理由我會來這兒。他們只接受待過收容所的人，因為他們跟市政府簽的合約是這麼規定的。

我不喜歡收容所，因為我聽說大多數收容所都很糟糕。更別提可能碰到的危險狀況了。不過這一個還不賴。也許因為這是教堂辦的吧。多數收容所的房間都跟宿舍一樣，不過在這裡你可以有自己的房間，跟另外一個人共享。我的室友是個塊頭很大的女人，西班牙人，她有電視機。她告訴我，「你可以跟我一起看電視，不過要是我不在的話，別碰我的電視，聽到沒有？」我說沒問題。我不想惹麻煩，我只想低下頭，顧好我自己的事。

不管有多少空閒時間，我都待在室內。我不想測試自己抵抗哈林區街頭誘惑的能力。收容所裡還有兩個人也準備到關懷之家去，水手和羅夫。水手是個親切沈默的人，也是黑人，跟這兒多數人一樣戴著大大圓圓的眼鏡。他叫水手是因為以前當過海軍。他和羅夫都有家人。羅夫沒提過家人的事，但水手把他的兩個小男孩的照片隨身帶在皮夾裡，只要有人願意看，他就隨時拿出來現。他想回家，但他太太說，他得戒掉毒品一年以上才能回去。

雖然我們還住在收容所，關懷之家也還沒正式成立，但工作已經開始了。每天早上會有小貨車來載我們，把我們送到一個建築工地。一開始我們先負責清除垃圾，不過監工說慢慢就會讓我們接受建築訓練。我並不想把蓋房子當作終身職業，但重點是，完成這個計畫以後，可以拿到兩千塊錢，他們也會幫我們找工作。

而且這也讓我不會無事可做。至少我現在知道接下來該去哪裡了。

＊＊＊

愛波吸毒的時間越來越多。漸漸的，她除了找快克、吸快克、然後癱上好幾天，接著又重頭再來一次以外，什麼事也不能做。有時候，一整個禮拜，都沒人看見她。她在的時候，要不就睡覺，要不就跟史莫基、柯瑞或是傑奇在一起。她的朋友似乎也沒剩下幾個。

史莫基是她吸毒的伙伴，他們也一起搶劫。通常是由愛波把一個乘客誘到月台下面，史莫基就等在那裡。傑奇和愛波仍然是朋友，因為她是他偷車的主要伙伴。

我從貝勒富回來以後，待在中央車站不再是為了好玩、打發時間或是認識朋友了。現在，一切都為了快克。也許，以前的情況一直就是這樣，但我卻要等到離開一個月以後，才看出來。

席維很高興看到我。他說他猜我可能是回家去了，或是被抓進了拘留所。我告訴他都不是，我住院去了。他說，「那，你想來一下嗎？」

「你是說快克嗎？」我問他是什麼時候開始吸快克的，他說，「最近。」他說光看別人爽已經看煩了。

所以，就連席維也變了。現在每個人都在吸，這是他們唯一知道，或者唯一在乎的事。席維搶其他遊民的錢。那些精神有問題，領有社會福利支票的流浪漢的錢。每個月一號他們拿到錢的時候，他就會四處找尋目標，趁他們睡覺的時候割破他們的口袋。一個流浪漢身上就可以搶到兩三百塊錢，不過只有月初的時候才這樣。其他時間，他們口袋裡只有他們那天行乞討來的錢。

他有很多錢的時候，會帶我到一四五街的一家旅館住上幾天，買快克、伏特加和啤酒來享用，或者替我買一點白蘭地。搶其他流浪漢的錢很容易賺到大錢，但我個人覺得，這實在很差勁。這就像搶自己同類的錢一樣，因為，我們都是同一條船上的人。我告訴席維，「你為什麼不放過他們呢？去搶那些真正有錢的人，不要去碰那些領救濟金的瘋子。」但席維不這麼想。可能他是膽小，不敢挑那些有力還手的人下手。

我和席維蓋了一間「秘密小屋」。有一天晚上凌晨兩點，我們走來走去，想找個地方睡覺。車站已經關了，我們沒法子進去。我們走向第一大道的一個公園，看到一棟公寓大樓前面有一堆空紙箱。

「我們拿一些空紙箱來睡吧。」席維說。我抓起一個箱子，席維叫我等一下。「應該拿那一個，」他說。那是一個體積非常巨大的箱子，那種裝冰箱用的。「幫我一起拿。」

我說，「拿到哪裡去？」他說拿回車站。「拿回去幹嘛？中央車站已經關了。」

他叫我閉上嘴，他說，「我不是一直都知道自己在做什麼嗎？」所以我們拖著那個該死的東西走了六、七條街，他拿著紙箱前端，我抓著後面。

我們拖著箱子，走向通往中央車站旁邊那個隆起的斜坡，來到車站的二樓。那裡有一個入口，多半是警察用來出入的，因為就在他們車站二樓的分局旁邊。靠近入口是一個工具間，在那後面有一個離地大概四呎的平台，我們就把箱子擺在那裡。席維先爬了上去，我再把箱子塞給他。他把箱子鋪在平台上，因為工具間擋住，從下面幾乎看不出來。

「很厲害，對吧？」他說。「現在我們有自己專用的小房子了。」

是很厲害。我不知道席維竟然知道這個地方。至少我就不知道。工具間遮住了紙箱，也擋住了風雨，而且，我們是在車站外頭，不會因為非法入侵的罪名被捕。我們頂多只是佔用土地而已，不構成罪名。

第二天晚上，下雨了。席維弄了一張塑膠布鋪在箱子上，讓它保持乾燥。那時已經是九月底了，等到天氣開始變冷的時候，他從一輛搬家貨車上偷了一床搬家工人用的有襯裡的大毯子，把它鋪在塑膠布下面。毯子把箱子整個包了起來，隔離了地面。十月的時候，席維買了木板鋪在箱頂，好讓它更堅固，更溫暖。我們拿了毯子和衣物過來，還有洗髮精、牙膏和其他席維帶我去女青年會洗澡的時候用的東西。

席維說，「這個地方的事，你只要告訴一個人，大家就會帶著兄弟姊妹跑來，警察馬上會把我們踢出去。」

有些警察知道「秘密小屋」的事，因為他們每天都看到我們從這裡進進出出。他們沒找我們談過，不過我們知道他們知道，我們也知道他們不介意，因為這不是非法入侵。但要是一群人都在這裡進出，警察可能就不會這麼客氣了。

不過我還是告訴了愛波。後來，席維被捕之後，有時候我會看到她睡在那裡。

我是第一個把它叫做「秘密小屋」的人。我們在阿斯托里亞的那個被火燒掉的家，有一個小後院。我和弟弟法蘭基，還有幾個小孩，用工地撿來的木料蓋了一個小小的秘密基地。我們在那裡開秘密會議，把它當成我們的堡壘。後來，我們的小狗克莉歐也睡在那裡。

愛波一個人坐在候車室的椅子上，我覺得有點奇怪。從我認識她以來，一直都有人陪在她身邊。可是現在，她都是一個人，我不知道這是不是出於愛波自己的決定。現在，除了快克，有沒有朋友對她來說無關緊要。

「喂，」她說，「你看。」她像印度人那樣盤腿坐著，抓住我的手塞到她牛仔褲後面的口袋裡面。她的口袋鬆鬆的，因為褲子太大件了。「有沒有摸到？有沒有摸到下面那個腫塊？」她抓著我的手挪了一下位置，我摸到了。不可能沒摸到，那是一個很硬的腫塊，一個包，在皮膚下面突出來。

「啊，摸到了。」

「你覺得那是什麼東西？」

我在她身邊坐下來，我以前從沒看過愛波那麼害怕的樣子。「我不知道。」

「不過這樣正常嗎？我前幾天不小心摸到的，我不知道這樣正不正常，你覺得呢？」

「可能沒關係吧。」

「你有嗎？」

「沒有，就算有，我也不知道。可能有的人有，有的人沒有吧。要是擔心的話，你可以去貝勒富看醫生嘛。」

「哎，去他的醫生。還要花一整天排隊，我的時間可不能浪費在那種事情上面。」

愛波拿著一個紙袋，裡面裝了一罐啤酒，我坐在那裡，等她喝完。我多麼希望那時就知道，那個愛波擔心得要死的腫塊不過是她的脊椎骨，我們就可以不用那麼緊張了。她瘦了太多，所以骨頭才會突出來。

我們沒再說話，那個腫塊或是其他的事都沒說。可是我知道，我們都在想著同一件事——愛滋病。很多人都一直說，不只是吸毒或是同性戀才會得愛滋，性伴侶太多也會。

愛波可能染上愛滋的想法嚇了我一大跳。這是第一次，死亡這件事跟我身邊親近的人拉上了關係。我第一次了解到，這種事可能發生在我們任何一個人身上，包括我自己。我最擔心的是，愛波跟我為了當血肉相連的姊妹，曾經割破手指頭讓血溶在一起，實在太可怕了。不過，我沒說出口。

愛波喝完啤酒，跟我要了幾根香菸，說，「回頭見，」就走了。

* * *

接下來的九個月，「關懷之家」成了我的家。我有了地方住，有了工作，也有了獨立的感覺。生平第一次，我有了一份整天的工作，可以領到固定的薪水。所以，我想，撒馬利亞村不讓我回去，或是海麗葉替我安排的戴脫普戒毒中心沒接受我，並沒有什麼關係。我覺得，關懷之家的工作對我來說，正好是一件恰當的事，出現在恰當的時機。

關懷之家位在布魯克林區的蓋茲大道上，是一棟三層樓的舊房子，過去是盲人學校。上面兩層是男生宿舍。一樓有客廳和走廊，走廊上的雙扇門通往女生宿舍。女生宿舍比較小，因為這兒的男生超過二十個，女生只有六個。我跟麥蒂合住，她是個大塊頭、看起來很悍的的黑人女生。她的兩個小嬰兒跟她媽媽一起住在布朗克斯。

廚房和辦公室都在地下室。喬治和海麗葉經常待在這兒。我第一天上班進去打招呼。海麗葉緊緊的擁抱我，我鬆了一口氣，因為我很擔心她再也不喜歡我了。她問我安頓得怎麼樣，我說很好。我並不覺得來到一個完全陌生的地方，因為我是跟水手和羅夫一起來的。

我問，「喬治還在生我的氣嗎？」她說，「沒有，蒂娜，都過去了。」我想可能是吧。因為他一看到我一定會抱抱我。雖然並不十分熱絡，但毫無疑問，他對我一直很友善。

海麗葉問我工作進行得怎樣。我告訴她，我還蠻喜歡清理廢棄物的，因為在這些舊公寓裡可以找到一些有趣的東西。

清理廢棄物小組的人必須在拆除小組人員到達之前把房子先清理乾淨。把所有垃圾倒進強化塑膠袋，然後拖到外面去。這些房子都屬於市政府所有，有些廢棄不用了，有些則因為被當成毒窟。看著這些地方，讓人不禁有點難過。大家把不要的東西都丟在這裡，骯髒的鍋碗，破洞的、甚至沾有血跡的衣服，還有壞掉的家具。有些冰箱裡面的臭味會讓人想吐。還有情書、發霉黏在一起的舊照片。很多被斷電的公寓裡四處都留著蠟燭。想得到的各種雜物都有。我們必須把這些東西全清乾淨。他們發給我們橡皮手套來處理那些不太衛生的東西。在吸毒者聚集的地方，地板上散落著注射器、彎曲的湯匙，和裝快克的空玻璃瓶。

不過也可以找到好東西：電視機、錄影機，還能用的家具。我們可以自己留下，也可以賣了分錢。第一個禮拜，水手在一個床墊裡找到兩百塊錢，他跟我們大家一起分了，他的收入大半都要拿回家養小孩，大概一個月之後，我們小組另外一個人在衣櫃抽屜裡找到一百塊錢。從那以後，我們一直期待找到更多錢，不過除了一些舊硬幣外，什麼也沒有。

我們星期五領錢。實際薪水是一個禮拜兩百塊，不過要扣掉六十五塊的住宿和伙食費，還有強迫存進戶頭的三十塊錢。所以我們可以領到一百零五塊。對我來說已經很多了。這是我生平第一次口袋裡有這麼多錢，而且是正正當當賺來的。

第一個發薪日，我坐在床上，拿著紙筆，擬了一份計畫表。我以前從來沒做過這種事。好，看看我的基本開銷有那些？工作日我們得花錢買午餐，所以得留出午飯錢，還有每個禮拜的香菸錢。我想，一天五塊錢夠買三明治、汽水和香菸了吧。再乘以五天，就是二十五塊。再多留幾塊算是周末的香菸錢好了。

我在信封裡放了三張十塊鈔票，放進我的一個衣櫃抽屜裡。這樣，我一個禮拜還有七十五塊可以用。夠我過日子和買些日用品了，要是存夠錢的話，搞不好還能買一雙新球鞋或一件新牛仔褲。

所以我每個禮拜都有七十五塊錢進口袋。確實如此。到現在我還是把錢直接放在前面的口袋裡，因為我知道搶劫的人總是會翻找錢包。大概第二個禮拜以後，我注意到，我養成了一個習慣。我把手插在口袋裡，把零錢弄得叮叮噹噹響。

關懷之家不准吸毒，不過他們沒說不能喝酒。星期五晚上，有些男生會到附近街角賣酒的店裡買瓶酒，然後站在那兒邊喝邊鬼扯。所以，我也跟著去。買一瓶伏特加，加入大家。老天，一開始喝的那幾口酒，還真是不容易下嚥。我的喉嚨就像著了火似的。

我告訴自己，全世界有一半的人也喝酒，所以，管他的，我跟著喝又有什麼關係。不然我要怎麼跟那些男生一塊混？海麗葉說的「社交性的飲酒」大概就是這個意思吧。

＊＊＊

在隧道裡吸快克的時候，會有黑影晃來晃去。不過那不是真正的影子，而是出現在眼睛前面的黑點罷了。抽一口快克，瞪著那些黑點看上一分鐘，它們就會變成飄忽不定的黑影。所以，你會一直盯著入口地方的亮光看，因為老是覺得有人偷跑進來。

也許那真的是影子，也許不是。不重要。你在亢奮的時候，真實與虛幻之間並沒有什麼界線。只要你一吸，你就會從眼角餘光看見，那些黑影又開始晃動起來。

愛波和我坐在隧道裡她的地方，抽著快克，看著影子飄來飄去。我們沒說多少話，但分享著一樣的感覺。

愛波問我，「你的『精華』可以給我吸嗎？」

「好啊，」我回答。沒有人會願意這麼做，但讓愛波快樂，比我自己享用快克剩下最好的部份，意義要重大多了。反正我們手頭上還有二十瓶或是二十五瓶。聽起來不少沒錯，可是當你縱情狂吸的時候，不消幾個小時就會用完了。這種吸法就是塞一兩瓶快克在煙管裡，然後一口氣吸個乾淨。一旦養成抗藥性以後，一點一點的吸是沒什麼感覺的，必須逐漸增加份量。

我們抽光了所有的快克，又在那裡待了很久。喝完的伏特加，抽掉一堆香菸。大概已經是深夜了，我猜愛波現在大概又想去買快克了，因為每次她都安靜不了多久。我知道，她要是去的話，我也會跟著去。即使我現在除了大睡一場以外，什麼事也不想做。

「我的生活爛透了，」愛波說。「你知道我的意思嗎？」她用手往她的「地盤」比了一圈。這裡是一塊很小的正方形地方，到處低垂著水管，垃圾和燒完的蠟燭四處散落。有人在鐵軌旁邊拉了一堆大便，就在出口的正下方。我坐在這裡就可以聞到味道，要是沒在吸快克的話，真是太噁心了。「我們得去，」愛波說，「接受教育。」

「受什麼教育？」

「讓我們自己變得更好啊。難道你想四十歲還在火車隧道裡吸快克嗎？我覺得我們應該去上秘書學校。我在『每日新聞』看過招生廣告。」

「那些地方是要花錢的。」我保持不了清醒。角落裡有毯子，或者是一堆舊衣服也說不定。不管是什麼，看起來軟綿綿的就是了。牛奶箱的硬塑膠板坐得我屁股好痛。

愛波興奮了起來。「我們可以找工作賺錢，存錢去上學。很多人都是這麼做的。」

雖然我很累，每次愛波說到我們這個我們那個，我還是會覺得有點高興。她說的「我們」是指我跟她。蒂娜跟愛波，兩個人一起。「那，我們能找什麼工作呢？」

「我想我在寵物店一定會表現得很好，」她說。「我真的很喜歡小動物。」

「我也是，我也喜歡小動物。」

「那我們明天就去找工作。三十四街附近就有幾家寵物店，十四街還有一家大的。我們一找到工作，就去秘書學校登記。」

「好。」

「好。明天我們就開始過新生活。也許，我們最後真的可以搬到佛羅里達去。」

我們背靠著背緊偎在一起。我力圖保持清醒，因為我想要享受久一點她在我身邊的感覺。很快的，她開始發出輕微的鼾聲，隔著運動衫，我可以感覺到她的背脊骨，她好瘦。

一邊想著新生活，我睡著了。對於是不是開始新生活我沒什麼感覺，比較高興的是她說我們要「一起」開始新生活。

我先醒了過來，聽見人們在月台上走來走去的腳步聲，列車進進出出，列車調度員喊著催人上車。我想大概已經是白天了吧。

愛波還躺著睡，手腳伸得開開的。我幾乎是睡在地上，因為大部分的毯子都被她搶去了。我的背和手都很痛，頭也疼，因為吸了一堆該死的快克。但我已經準備好要去找工作了。我越想越覺得這個主意不錯。愛波說得沒錯，中央車站的生活爛透了。光靠自己，我不知道如何逃離這一切，但有愛波在就不一樣了。而且寵物店的工作聽起來很好玩，要是店裡有賣小狗小貓而不只是熱帶魚，那就更棒了。

不過我不大瞭解秘書學校那部份。我沒辦法想像自己整天坐在一張該死的辦公桌後面，接受一個自以為是老大的老混蛋的命令。可是目前我還不用擔心這一點，要是愛波弄清楚秘書是幹什麼的時候，搞不好會改變心意。愛波也不會接受一個老混蛋命令的。

我想叫她起床。我低聲說，「愛波！」沒反應。我搖她的手。她的手軟趴趴的，一點力氣也沒有。我很大聲的叫，「愛波！」最後，她終於把眼睛睜了開來。「走吧，愛波，我們去找工作吧。」

「老天爺，你是誰？」她說，瞪著我，眼光渙散。

「我是蒂娜啊，醒醒。」

「滾開，別煩我。」她把手擋在眼睛上，想把我擋在視線外。

「好了，起來啦。你說過我們今天要去寵物店找工作的。」

「看在老天分上，讓我睡覺好嗎？」她轉過身，身子緊緊縮成一團。所以，我也在她身邊躺了下來。兩個人又睡了過去。

之後，我跟她去了城西，找一個毒販，有時候他會給愛波打折。他就是去年冬天賣快克給我們和那些橄欖球員的人，叫做雷門，是個西班牙人。他對愛波很友善。她只有十塊錢，不過他給了她五瓶快克。他說，「外面很冷，到我那兒去吧，你們可以在那裡抽。」

所以我們去了第十大道的一棟破房子，他的房間裡面。我們待了兩三個小時以後，大概是六點或八點吧，雷門說，「好啦，現在，把你們剛才抽的快克的錢給我吧。」愛波問他到底在鬼扯什麼，他說，我們抽光了他的貨。他說，「我算過了，你們大概欠我一百塊錢。」

「我們才不付，是你自己要給我們的。」

「不對不對，愛波，你誤會了。我給你的是十塊錢的量，超過十塊錢的那些嘛，是因為我慷慨大方，你又是個好顧客。你們兩個待在這兒大半晚，抽的份少說也有一百塊了。你們得賺錢還債。生意就是生意。」他有幾個抽屜裝滿了女人的衣服。他叫我們選幾件性感的衣服穿上，他馬上回來。

他離開之後我說，「那個混蛋是個皮條客。」

「不用擔心，」愛波說。她已經選好了一件有亮片的黑色洋裝。

「你說不用擔心是什麼意思？媽的我才不要像妓女一樣出去拉客。」

「你不用去拉客啦。換好衣服，裝裝樣子就好了。他會盯著我們，不過等到有人看上我們，我們上車以後他就看不見了。你先把錢拿到手，然後下車跑路。一半的錢拿回來給雷門就好了，反正他搞不清楚我們賺多少。」

我想開口問，你以前就幹過這種事了，對不對？但我沒說。

到了街上，雷門把眼睛死盯著我們，就像愛波說的一樣。他站在一棟房子的門口，離我們只有幾呎遠，一邊抽煙，一邊吃著巧克力棒。不過，開車經過的人看不到他躲在那裡。

天氣很冷，風從哈得遜河上吹過來。愛波全身只穿了那件亮片洋裝和一件短短的黑外套。我只穿了銀色短褲、小可愛和一件丁尼布夾克，還有一雙大了二十號的亮紅色靴子。

我想逃跑，但我知道，如果我逃走的話，就算雷門沒抓到我，雷門的朋友也會幫他逮到我的。

「愛波，」我說，「記得你昨天晚上說的計畫嗎？寵物店和秘書學校？」

「怎樣？」

「嗯，你還想做那些事嗎？」我的牙關開始顫抖。看得出來愛波也凍壞了，她單腳跳來跳去取暖。

「不想，」她說。「上個禮拜我爸跟我談過，他要我跟他一起去加州住。我可能會去。」

我全身的力氣一下子都被抽掉了。就像氣球被戳到馬上洩了氣一樣。我回到中央車站。

我看到貝芙麗坐在候車室裡，正和米琪綁頭髮，把頭髮緊緊捲成一個小球。所有梳頭用具都攤在椅子上。刮頭髮的、髮膠、髮油、髮夾，小的彩色長條髮夾。貝芙麗一看到我就大笑，「該死的，丫頭，你是開始上班了，還是在過萬聖節？」

我告訴她，「閉嘴，幫我找幾件真正的衣服來，拜託。」

她把手上那條辮子編完，叫米姬看著那些梳頭用具，帶我到隧道裡她住的地方去。義工們來發衣服的時候，總會多拿幾件給貝芙麗，因為他們知道她會留著給需要的人。貝芙麗幫我找了一件牛仔褲，一件法蘭絨襯衫，還有襪子。唯一一雙我穿得下的一雙破鞋子。席維替我在一四五街買的那雙銳豹還在雷門的房間裡。我很確定，不能回去拿了。還要再隔上好長一段時間，我才能再回城西去。我告訴自己，我才不關心愛波在哪裡，還是她在幹什麼。

十一月的時候，因為「小屋」的那次搶案，我得向法院報到。席維還在瑞克島，被拘留在那裡，等待宣判。我被控一、二級搶劫罪，因為他們認為是我設計那個人的。但我因自動認罪被釋放，他們要我一月再回去，聆聽刑期宣告。

所以，席維正在坐牢。也許法蘭西斯也是。奇威不見了，他大概是回家了，要不就是被抓去關了，不然就是發生了什麼悲慘的事。沒人知道。我看過他的表弟賈霸幾次，但他也不知道奇威到哪兒去了。

我說過，快克改變了中央車站。其中一個現象是，大家不那麼常在一起晃了。以前，只要走進候車室，每個人都會在那裡信口胡扯，很高興見到你的樣子。而現在大家都忙著吸快克或是賺錢買快克去了。上城的價格比較便宜，所以大家都跑到那裡去，而且他們有一半的時間不會回中央車站睡覺。不管身在何處，他們隨地倒頭就睡。公園，門口，地下鐵車站，毒販的地方等等。貝芙麗、哈利，還有其他一些人開始在中央車站賣快克的時候，有人又回來中央車站泡整天，不過那是後來的事了。

就算大家回來了，滿腦子還是只想著怎麼弄錢。搶劫、乞討，什麼都好。史莫基現在有了新「把戲」：偷樓梯的的黃銅扶手。他會在深夜用螺絲起子或是槌子把它們撬下來。還有，軌道上有很多傳導電力的銅線，史莫基連那個也開始偷來賣。要不了多久，大家就有樣學樣，每個人都從車站偷黃銅和銅線。收破爛的會花每磅五十分錢左右的價錢買，或是當時的一般價錢標準。史莫基永遠都找得到新東西偷。

有一個還蠻常出現的人是傑奇。我有一陣子沒跟他見面了，但我們很快就找回了以前的交情。他打破車窗偷東西的時候，我跟著一起去，站著把風。不過現在我有點緊張。他以前都會挑安靜的街道和離路燈很遠的車子下手。但現在他管不了那麼多了。他甚至不想保持安靜。有時候他會拿起磚頭，直接往駕駛座的車窗砸過去。

那個綁辮子頭的傢伙哈利，現在會習慣性的來找我。他跟席維有點像，老是問我需要什麼東西。有時候他會幫我帶厚衣服過來，因為冬天就快到了。如果他發現我那天沒吃飯，就會帶我到中央車站的咖啡店去，幫我點份漢堡和薯條，或者買個披薩給我吃。有幾次，他帶我去看電影。哈利喜歡動作片，那種有打架和飛車追逐的。哈利身上一直有錢，也一直有快克。他對這兩樣東西都很慷慨。我很快就很習慣跟他一起混了。

有一天晚上，天慢慢黑了，哈利和我坐在第六大道的一個小公園裡抽快克。哈利對我說，「快看那邊。」是愛波，走得很快，那種吸了毒以後痙攣似的急速走法，跟在後面的史莫基幾乎追不上她的腳步。愛波的舉動很奇怪。她在角落裡一張椅子上坐了下來，離我跟哈利坐的地方很近，我知道她看到我們了。她從牛仔褲口袋裡拿出煙管，用打火機在下面點火。我還沒來得及跟她打招呼，就看到喬治・麥唐諾跟一位女士一起走了過來。那位女士看起來很火大，不然就是很傷心，或許兩樣都有吧。哈利和我很快的把煙管藏了起來。

愛波當作沒看到他們。她燃起煙管，又抽了一口。那位女士開始跟她說話，但聲音很低，從我坐的地方聽不見她在說什麼。愛波最後終於抬起頭來，很大聲的說，「不要管我，滾出我的生活，好吧？」

我猜這位女士大概是喬治帶來的什麼社工吧，誰知道？之後她提高了聲音，我聽到她說，「拜託，看看你自己有多髒、有多瘦好嗎？你看起來糟糕透了。我愛你啊，為什麼你要這樣對我呢？」這時我才明白，原來這個女人是她媽媽。她現在穿著一件冬季外套，戴著帽子或是圍巾。所以，一開始，我沒認出是她。

「你從來就沒管過我，」愛波說。「你只關心你自己。好啊，怎麼樣，現在我關心的只有這個。」她舉起煙管，又抽了一口。她媽開始哭了起來。喬治對愛波說了些話，我聽不見。

史莫基呢，他只是坐在愛波身邊，緊緊閉著嘴巴，希望置身事外。

愛波告訴喬治，「你他媽的幹嘛多管閒事把她帶到這兒來？反正，我就要去跟我爸住了，因為他比較關心我。」愛波她媽開始抓狂。「他關心你，才怪！他恨不得你離他越遠越好！」她現在很大聲的叫著，我想大概從布魯克林都可以聽見她的聲音。愛波跳起來，一把搶過她媽肩膀上背的皮包，穿過公園，跑了出去。史莫基跟在她後面一起跑。

我告訴哈利，「哇，就算是愛波，這樣的舉動也太瘋狂了。」接著我們也離開了公園。天幾乎全黑了，我不知道喬治有沒有看到我們，就算有，愛波她媽要是提出告訴的話，我們也不想當證人。我們的牛仔褲口袋裡面不但藏著煙管，還有五六瓶快克。

離開公園之前，我回頭看了一次。喬治試著讓愛波的媽媽在椅子上坐下來。她發出很大的抽噎聲，一開始，我沒聽出來那是哭的聲音。

＊＊＊

一大早，我們從關懷之家搭車去工地，我注意到街上的人群。要分辨誰正要去上班，誰在外面鬼混了一整夜，而且還在繼續找錢買毒品，實在太容易了。就算他們的外表都很乾淨，你還是可以看得出來誰身上的衣服穿了一整夜，誰的沒有。

六月的時候，我們開始到哈林區的一個工地上工。第一天早上，到那裡的途中，我們經過一一九街的一所學校。那是一間很大的學校，有一部份的房子是一排一排蓋的。我一看到那間學校就嚇得不能動彈。我想著，天殺的，我以前不是到過這裡吸快克嗎，就在學校底下。我、史莫基和貝芙麗，後來哈利也一起。，同一個地方正有五六個人在那裡吸快克。我很認真的看，想找找有沒有我認識的人在裡面。但我們的車開得太快，看不清楚他們的臉。

整整一個禮拜，我們每天都經過那間學校兩次。每次快接近的時候我就轉開頭。但最後一刻的時候，我一定會偷偷瞄上一眼。

* * *

那個禮拜六早上，領到第一張薪水支票以後，我打電話告訴我媽，我剛領了薪水，可不可以去過夜。我媽說，「當然啦，蒂娜，回家來吧。」她說孩子們一定會很高興的。

我告訴孩子們我要留下來過夜，他們很高興。因為我上次跟他們一起過夜已經是好幾年以前的事了，那時他們還住在喬治王子旅社，羅比大概還沒有開始記事，所以不大有印象。

整個下午我都陪他們待在外面，讓他們繞著房子騎腳踏車，因為他們平常不准自己出來。冰淇淋車來的時候，我幫他們兩個人買了冰棒。我請客，因為我媽並不是常有餘錢買冰淇淋這種奢侈品給他們。可以為他們做些事讓我感覺很快樂。

羅伯根本不在家，我媽說他現在周末有一半的時間都不回家。她說，「我希望他最好永遠都不要回來。」

星期六晚上，我們大家一起看電視，孩子們上床以後，我和我媽坐在一起聊天。聊一些小事情，跟從前一樣。她告訴我，潔西卡九月要轉學，因為要上資優班課程。她問我喜不喜歡關懷之家的工作。我告訴她，我做了周支出計畫表，她說，「噢，真是太好了，蒂娜。」我們聊到天氣，這樣的六月實在太冷了，直到我們都打起哈欠來，才互道晚安，上床睡覺。

禮拜天，東尼舅舅來吃晚餐。我們一起離開，他送我去搭火車。不然我得自己搭巴士去搭車，因為走路太遠了。孩子們問我下周末還會不會來，我媽告訴他們，「當然會啦，對吧，蒂娜？」

「好啊，」我告訴他們。「下禮拜六我再來。」

東尼舅舅有一輛大的奧斯摩比車停在門口，這輛車差不多有十五年了，但車況保持得很好。他說，「你要開嗎？」

「別鬧了，我不會開車。」

他把車開到房子中間，那裡有一條短短的小路，幾乎沒什麼車經過。他叫我坐到方向盤後面去。我坐著不動，瞪著他看。「來嘛，」他說，「你做得到的。」

東尼舅舅一直重複告訴我哪裡是煞車，哪裡是油門。不過我一直把它們搞混。他叫我拉回油門停車的時候，我把腳踏在煞車上，整輛車劇烈晃動了一下。我想東尼舅舅的脖子一定扭傷了。但他只是說，「慢慢來，蒂娜，慢慢來。」東尼舅舅吃很多鎮靜劑，一直都有吃，所以總是在一種慵懶的狀態。沒有事情能讓他生氣。這種個性的人教人開車真是再好不過。

＊＊＊

我們在哈林區清理的那棟公寓隔壁，有一家賣酒和雜貨的店。午餐的時候，我去買三明治，聽到一聲貓叫。聽起來像是一窩小貓的聲音。店裡的人帶我到後面房間去看。牠們躺在角落裡一個破掉的紙箱裡頭，這些可憐的小東西身上蓋著一層灰。因為我們在房子一邊清理廢棄物的時候，拆除工人已經把隔壁的房子拆掉了半邊。

我在箱子旁邊蹲了下來。一共有七隻小貓，全都一臉愛睏樣，在盒子裡蠕動著。有一隻是橘色的虎斑貓，看起來跟我小時候養的那隻一模一樣。牠躺在另外一隻小貓上面，睡得很熟，我伸手進去把牠抓起來。輕得幾乎沒有重量。牠睜開眼睛，打哈欠，大大的粉紅色嘴巴，小小的白牙。爪子跟我的手指頭一樣大。我設法用衣服的袖子把牠身上的灰塵擦掉。

「你要這隻貓嗎？」那個人問。「因為我得送掉牠們才行。」看得出來這個人並不關心這些小貓的死活。看得出來他大概會用最簡單的辦法擺脫掉牠們。

「好，」我說。「我要。」

我幫牠取名叫幸運，因為我小時候養的虎斑貓也叫這個名字。而且，我覺得牠有我帶牠回家真是非常幸運呢。

關懷之家訂了新規則。因為禮拜五晚上發生了幾場打架和爭執。大部分都是喝太多酒的人引發的。所以，從今以後，不只不可以吸毒，連酒也不准喝了。一喝酒，就滾蛋。

＊＊＊

愛波告訴過我，別跟那個牙買加人一起吸毒。他是她的朋友，最新的吸毒伙伴。她少數僅存的幾個朋友之一。

他跑過來找她，找不到，他就說，「好吧，蒂娜，你跟我來好了，我有些貨可以抽。」

我跟著他到了一〇〇號鐵軌的月台下面愛波住的地方，我們吞雲吐霧的時候，我聽到一種聲音，柵欄被撬開了，有人爬了進來。

我告訴自己，「這只是疑神疑鬼罷了。」不過這次不是。來的人是愛波。

她說，「我不是告訴過你不要跟他一起吸毒嗎？你這個小婊子！」

「沒錯啦，可是我們剛才找不到你嘛。」

然後——砰的一下，她用黑莓白蘭地酒瓶砸我的頭，白蘭地酒順著我的頭流下來。我感覺到濕暖的液體流過我的臉、耳朵和脖子。我爬出愛波的地方，跳上月台。吸快克已經夠讓人神經緊張了，要是真的有人追著你打，大概會把人嚇得心臟病發。我渾身發抖，頭很痛，全身沾滿了白蘭地。

月台最後面有一個大洗手台，是給工人用的。我把頭埋到水龍頭下面沖，想洗掉身上的東西。順便想把夾克和法蘭絨襯衫上的白蘭地沖乾淨。

我的頭痛了兩天。而且一整個星期腦袋都砰砰作響。而且，我身上的酒味持續了更長一段時間。我像個酒鬼似的渾身酒臭味四處走動。要是沒好好洗個澡的話，波士頓黑莓白蘭地的味道是不容易消掉的。

現在，我的真被愛波搞火了。我也受夠了她難以捉摸的個性。幾天以後，我看到她坐在女廁前面，身旁放著一個杯子，還有一個紙板彎起來的招牌，寫著：「幫我找史考特！」她身上很髒，衣服破爛，頭髮糾結成團，身子來回搖擺，就像吸毒神智不清的時候那樣。

我說，「媽的你在搞什麼鬼？」

她不在乎。我從她的眼神就看得出來。她只是坐在那裡，全身髒兮兮的，搖晃著，身邊著標語和杯子。她已經不在乎有沒有自尊這種事了。

就在那時，我不再生氣了。看到這樣的她，我明白她沒辦法控制自己的行為。她不知道自己在做什麼。

我不大記得那年的聖誕和新年假期是怎麼過的。大部分時間我都處在亢奮狀態。不過我記得一月的第一個禮拜是我的十八歲生日，我到了法定年齡，我不再需要受法院監護了，也不需要我媽監護。再也沒人能因為我未滿十八歲，就強迫我做這做那了。

我以為這種感覺應該很不錯。我以為我應該會享受到自由的滋味。但終於等到十八歲的時候，我卻發現一切都沒什麼不同。因為這兩年以來，我一直過著隨心所欲的放縱生活。

生日過後的幾個禮拜，我和哈利一起睡在秘密小屋。有一天晚上，我聽到有人在說，「蒂娜，你在嗎？」然後紙箱被打了開來，我看見車站警察之一的彼德生警官帶著一男一女站在面前。那個男的說，「送傳票的，出來吧。」

他們說他們手上有法院的拘票，必須逮捕我。他們說我上星期本來應該向法院報到的，席維和阿布都拉那個案子，我應該去聽刑期宣判。但我沒去。我想起十一月的時候，法官跟我說了一個日期要我回去，但我早忘得一乾二淨了。

到瑞克島的巴士看起來很像學校校車。不過它是藍白相間，還有幾條橘色的條紋，寫著「紐約市立懲戒所」。車窗的玻璃上嵌有柵欄。車上都是女的，大部分是黑人。我在座位上坐得低低的，閉著嘴，也不左右張望，一等到沒人看我，我就把我的煙管塞到椅子後面。

瑞克島位在皇后區的艾賀斯。我們路程的最後一段路是過橋進入島上。拉瓜地亞機場就在水的那一邊，一架寰宇航空（TWA）的大型客機正在跑道上轟然地滑行著，在我們頭頂上起飛。飛機飛得很低，我以為就要撞上我們的巴士了。但它從我們頭上飛了過去。我看著它一直飛向天際。不知道它要飛往哪裡，也許是佛羅里達吧。

我在瑞克島待了六天，等待法庭傳喚。所有的時間都待在拘留處。那是一個大房間，分成四大間牢房，他們把我和巴士上的十幾個女人關進第一間牢房，我覺得自己就像一隻被趕進畜欄裡的母牛一樣。這裡的牢房跟城中分局一樣，每間都有一個洗手台，一個馬桶，必須當著大家的面「辦事」。

以前，在城中分局的時候，因為我未滿十八歲，他們一直都把我單獨關一間。但現在我已經滿了十八歲，只能跟大家待在一塊兒。她們把我們一個一個叫出去辦報到手續，登記基本資料，叫你靠牆站著，幫你拍照。然後你就回牢房待著，等她們把你轉到下一間牢房去。

那時已經是深夜了。每個牢房都有一張長凳，可是只有塊頭最大、最兇狠的女人才有資格坐。所以我用外套疊成枕頭，躺在地板上睡覺。有一個女人，她滿臉都是瘀傷，手上包著繃帶，跟我說，「我看到你有半包煙呢，親愛的。如果你不想睡著的時候被人偷走的話，最好緊緊抓著，藏好一點。」她告訴我她的睡法，蜷著身子，鞋子和圍巾緊抱在胸前。她說，「通常我都會叫人家把鞋子也藏好，因為偷東西的人都是從腳上的鞋開始下手，不過你那雙大概不用擔心吧。」穿一雙破爛的二手球鞋至少還有點好處嘛。

要不了一會兒，她就開始打鼾了，其他很多人也都睡著了。我正要躺下去的時候，看見有東西在我的外套上爬。一開始我還以為是眼花看錯了，但願真是這樣就好了。我的外套上爬滿了蹦蹦跳跳的小蟲子，一定是跳蚤，其他的蟲是不會跳的。

我的外套是一件昨晚才撿來的海軍雙排扣外套。我回秘密小屋的路上，天氣冷得不得了，我看到這件不知道是誰掛在教堂欄杆上的外套，看起來很暖和，所以我就拿走了，把我的防風夾克掛在原來的地方。那天早上帶傳票的人來叫醒我的時候，我就穿著這件外套。

如果外套上有跳蚤，那我身上可能也有跳蚤了。天啊，要是別人看到我在抓癢怎麼辦，她們一定很高興看到這個白人小女孩身上有跳蚤，她們一定會奚落我，甚至跟我打上一架。我把外套捲起來，丟到牢房的另一邊，免得讓人知道那是我的外套。

我身上開始癢了起來，不知道真的是因為跳蚤，還是出自我的想像。但我沒抓癢。我在地板上躺了整晚，手裡緊緊抓著香菸，不知道是不是真有的跳蚤爬上了我的背我的脖子，還有頭髮和手腳。有幾次我癢得咬住嘴唇，但我一次也沒抓過。

早上他們拿了早餐過來，跟城中分局吃的一樣：義大利臘腸三明治，溫溫的茶。然後他們點了五個人的名去洗澡，其中一個是我。我小聲說，「感謝上帝。」他們發給大家那種除蝨肥皂，所以我洗了又洗，直到確定身上沒有跳蚤為止。我真的鬆了一大口氣，就連跟另外四個人一起洗澡都不在乎了。

我在第二間牢房住了一天一夜，不過現在我身上至少很乾淨。還藉著香菸跟一個西班牙裔的女生交上了朋友。我覺得比較有安全感，也不那麼孤單了。

到了第三間牢房，醫生會來給你做檢查。然後會有心理醫生來問你問題，確定你是不是瘋子吧，我想。一切完了以後他們送我到第四間牢房，我在那裡又住了兩天，等待。等什麼呢。我也不知道。所以最後我終於我問了一個管理員，她說我是在等開庭。我說，「那，是什麼時候呢？」她說，「見鬼了，我怎麼知道？」

等一天？還是一個禮拜？一年？我還要在這兒待多久？睡在地板上，忍到半夜大家都睡著的時候才上廁所，除了臘腸三明治，沒有別的東西吃。我的香菸幾乎抽完了。那個西班牙女孩子也走了。

我在這裡多久了？那是另一個問題。我失去了對時間的感覺，因為每天都是一樣的。你強迫自己睡越多覺越好，免得去想快克，吃一點東西，不抽太多煙，以便控制存量。在牢房之間進進出出，看著別的女人來來去去。我到這裡來大概有四天還是五天了吧，搞不好是六天也不一定。

然後她們叫了我的名字。帶我出去坐上橘色條紋藍白相間的巴士，把我載回紐約市。我出庭的時候到了。

＊＊＊

關懷之家的工作是分階段進行的。先到工地去的是清理廢棄物小組的人，然後是拆除小組，然後是搭隔間小組，最後是刷油漆小組。從清理廢物到刷油漆，大概要花上五天的時間。同一時間大概有五六個工地在作業。有時候他們還要我們拆掉窗戶，打破玻璃，然後拖到垃圾堆。就算他們不要求，只要是鋁門窗，我們也一律拆除。因為鋁可以拿去賣錢。還有銅做的水管也一樣。我們把所有東西放進塑膠袋，收工以後，要是那天開車的監工人不錯的話，就會帶我們去布魯克林的一家資源回收場，他們以重量計價，收購鋁和銅。

老一點的房子，多數天花板都是錫的架子。這些天花板沒有連成一片，必須用錘子一塊一塊敲下來。它的邊緣很鋒利。不小心的話會被嚴重割傷。而且，拆除天花板的時候，堆積如山的陳年灰塵會掉在你身上。就算已經戴了面具和安全帽，還是會弄得灰頭土臉。

我第一個禮拜到拆除小隊去的時候，監工查理開始開我玩笑。我敲打牆壁的時候，他說，「真高興我不是你心裡想的那個人。」我停下來喘口氣，汗水沿著我的臉滴下來，我的衣服全濕透了，就連頭髮也都濕了。

我放下錘子，從瓶子裡大口灌水，問查理，「你剛才說的話是什麼意思？」

「噢，」他說，「拆房子是發洩壓力很好的方法。」

那時我才明白，我工作得比大多數人都賣力。我用錘子和用力敲擊發洩了很多東西，這種感覺很不賴。我的名聲逐漸流傳開來，我自己卻一點也不知道。小隊上的男人們彼此談論著，「天啊，她工作得比我們賣力多了。」我只是一直這樣用力敲下去，敲敲敲。我只想讓大家知道，我能做得到。我的身體一直敲打著牆壁，但我的心思已經飛到別處去了。想著我媽，愛波，還有我心裡想著的其他人，還有以前的那些心情。

星期六晚上到我媽家的時候，我總是把幸運帶去。幸運會到處亂跑，撞牆壁，爬窗簾。我媽覺得這一點也不可愛。尤其是牠會抓窗簾。不過潔西卡和羅比覺得牠棒透了。

有時候我帶孩子們去看電影。我很努力的想要瞭解他們，想重新融入他們的生活。東尼舅舅一個月總有幾次來吃星期天的晚餐。我們都一起走，因為他會送我去搭車。我現在很會開車了，到車站的十條街，他都讓我開。我們把他的舊車叫做「蝙蝠車」。

有一天晚上，往車站的路上，他說，「一月以後你打算要住哪裡？」到了一月，我在關懷之家就待滿九個月了。我開車的時候不喜歡講話。我還是個新手，講話會害我不能專心。

「不知道，」我告訴他。我還不願意去想這件事。

「你願意的話，可以搬來跟我一起住。現在只有我一個人冷清清的住著。」

「嗯，多謝啦，」我說。「如果你讓我付房租的話我就去住。」

「一個禮拜五十塊錢怎麼樣？」

「聽起來不錯。」然後我必須閉上嘴，因為蝙蝠車差一點撞到一位推著嬰兒車的女士。

搭隔間很難做，材料都有一定的量，你不能犯錯，否則材料就浪費了。一定要量得剛剛好才行，度量標準是英吋，必須自己把英呎換成英吋，我得複習一下數學才行。

如果天花板也要蓋，就要先蓋天花板。然後才搭牆壁。最後就是貼膠帶。膠帶跟紙一樣，細細的一捲。你沿著縫隙把它貼上天花板和牆壁，然後灌入灰泥混合物，再撒上沙子。這樣一來，角落裡就不會有洞了。

我學著用螺絲槍、尺規還有其他很多我從來沒用過的工具。看著一樣東西從無到有，逐漸完成，讓人非常有成就感。過去只有木頭樑柱和木材原料的地方，立起了牆壁和天花板。

油漆組是最後加入的一個工作小隊，這沒有想像中那麼簡單。粉刷靠天花板的地方不能用滾筒，必須用小刷子。這項工作不是每個人都做得來，但我做得很好。事實上，這是我的專長之一。這叫做「修邊」。我可以順著牆壁的頂端刷上油漆，而不讓天花板沾上一點。

每樣難做的差事，我都立志要做到最好。我不想只當關懷之家的普通員工而已，我要爭取最好的表現，因為我得證明一件事。我必須向海麗葉證明，我不是個窩囊廢，我真的能做事。而且，我也想向自己證明一些東西。

我第一次瞭解到勤奮工作的滋味。我把自己逼到極限，超出過去想像的範圍。

＊＊＊

在我去見法官為案子出庭之前，我的辯護律師跟我碰了面。他很年輕英俊，不過有點書呆子的感覺。他說，「你想今天回家嗎？」

我說，「當然啦，我想趕快離開這裡。」

他說，「你可以的，只要你接受五年的緩刑。另外一個選擇，回瑞克島坐一年的牢。」

我說，「我選緩刑，當然。」當時我並不知道，有時候五年的緩刑可能比一年的刑期來得更慘。至少，坐牢的話，我會早一點解脫。

我的第一個假釋官是凱羅爾先生。第一次見他，他問了我的姓名、住址、出生日期、我父母的名字，對我念了一遍緩刑期間必須遵守的規定，說，「好啦，下個月再來。」所以我們約了時間，我就走了。我想，這很輕鬆嘛。

緩刑規定裡很重要的一條，我必須有固定的住所。我不再受到政府監護，因為已滿十八歲。我媽說我可以到喬治王子旅社跟他們一塊兒住，羅伯還跟她住在一起，他們就跟以前一樣經常吵架，喬治王子旅社的房間又比馬丁尼昆還要小，大家擠在一個小房間裡，只有一個小浴室，兩組雙層床，一架黑白電視。我媽還有一個小冰箱，一個煮東西的爐子。在房間煮東西是違反規矩的，不過大家都這樣。要是不在房間煮，就得每天都吃麥當勞了。

另一項緩刑規定是必須有正當職業，或是就學。凱羅爾先生告訴我，他要幫我申請學校，讓我拿到學力證明文憑。當然，我不可以吸毒，或是到中央車站去。但我想，管他去死，偶爾去一下也不會怎樣。我受不了整天都坐在那個該死的旅館房間裡面。所以每隔幾天，我就到中央車站去，看看誰在那裡，跟他們混一陣子。

有天下午，我看見愛波急匆匆的穿過候車室，「喂，」她說，「最近怎樣？」她看起來比上次的氣色好了一些，就是拿著史考特的標語行乞的那次，因為她身上並不髒，頭髮也梳過了。但她講話的時候，手抽動得比以前更厲害了，一直亂動個不停，好像管不住手的動作似的。

我告訴她我被抓了，還被送到瑞克島。她說，噢，那沒什麼大不了啦，她一直都在那裡進進出出的。她跟我講話的時候並沒有站著不動，就像是馬達全開靜不下來一樣。我第一次注意到，她講話的時候，嘴會抽筋。我告訴她，「愛波，你的快克抽得太多了。」話一出口我馬上就知道，我應該閉嘴保持沈默的。

「沒關係，我爸快要來了。帶我去加州。」然後她就走了。真糟糕，是我把她趕走的。

每次我超過門禁時間才回家的話，羅伯總是醒著看電視。那個混蛋，他是在等我。他沒跟我說過什麼，但我知道隔天早上他會告訴我媽我是幾點回家的，我媽就會打電話給凱羅爾先生。我也知道我媽告訴凱羅爾，她懷疑我又去中央車站混了。因為第三個禮拜，他把我叫到辦公室，說要把我的案子轉給「加強戒護計畫」（ISP：Intense Supervision Program）負責。

我的新戒護官是一位女士，瑞莉小姐。第一次跟她見面的時候，她告訴我，加強戒護計畫是給需要更努力的緩刑者參加的。她告訴我在加強戒護計畫，每個禮拜最少要報到三次；

每個月，至少兩次，她會來做家庭訪問。她又問了一些問題，然後說，「好，你可以走了，兩天以後再來。還有，我不喜歡人家叫我瑞莉小姐，叫我瑪姬就好了。」

換了瑪姬當我的戒護官，也許是我這輩子最幸運的事之一了，要是她後來沒有那麼快離開就好了。

一開始，我一點也不喜歡那麼常向瑪姬報到。我也不知道我是不是需要一個想要「參與」我生活的戒護官，像她說的那樣。只要有人想對我伸出援手，或是靠近我，最後他們就會惹上麻煩。但逐漸的，瑪姬打開了我的心防。

第一件事，她先幫我找到了學校，準備GED考試。我並沒那麼討厭回去上課，每天上到兩點鐘，至少讓我有事可做。

放學以後，一個禮拜三四次，瑪姬叫我去她辦公室，在接待室寫作業。然後她會幫我看一遍寫得怎樣。她也叫我寫日記，她把日記放在檔案櫃裡。要是功課不多的話，我就寫日記，帶到她辦公室，兩個人一起討論。

瑪姬很苗條嬌小，頭髮是紅棕色。但你會先注意到她的眼睛，是清澈的藍色，幾乎跟天空的顏色一樣。她眼裡有一種溫暖的東西，讓我馬上就喜歡她了。雖然一開始我並沒有表現出來。我還喜歡她另一點，她從來不穿套裝或是上班的正式衣服。總是穿著運動褲，或是牛仔褲、運動衫。讓她看起來很有親切感。我希望瑪姬成為我的朋友。但我又再一次弄砸了。

我盡力遵守規定。現在，我每個禮拜上五天的課，向瑪姬報到三、四次，我覺得輕鬆多了。一切又上了軌道。比較難的是回家和我媽跟羅伯相處，不過羅伯沒那麼常在家了，他在第四十二街賣大麻，還交了一個女朋友。

我媽會出去買雞翅膀回來當晚餐，我們用塑膠碗吃，那種三磅裝的塑膠奶油罐，奶油用光以後，我媽把它洗乾淨拿來當碗用。她會在每個碗裡面放幾隻雞翅膀，然後突然假裝她不餓，讓潔西卡、羅比和我多吃一點。

我吃了，但隔天我會覺得很有罪惡感，只好故意編藉口在晚飯前出門。我會到處走走，回家的時候，我媽會問，「蒂娜，你吃過了嗎？」我跟她說當然。我沒告訴她的是，我只吃了一根糖果棒。

＊＊＊

有一個周末，羅伯四、五天沒回家了，我媽到四十二街去找他。她不是第一次這麼做了，也不會是最後一次。不過這次有人跟她說，他被抓進牢裡去了。第二天，我媽去瑞克島看他。他在等案子開庭，她回家以後這麼跟我說。我沒問他犯了什麼罪，她也沒說，不過我知道一定跟毒品有關。

第二天，我從瑪姬那裡回來以後，我媽叫我幫她一起做春季大掃除。我們刷了浴室，叫孩子們坐在床上看電視，讓我們掃地、拖地板。聽起來有點不可思議，不過我很喜歡打掃的過程，和我媽一起做家事。然後我媽把羅伯全部的衣物裝在一個箱子裡，塞到她的床底下，把我的衣服掛在衣架上。

她沒說什麼，但我知道她不希望他回來，我們都不希望他回來。

我希望他能永遠離開我們的生活。

有一天晚上，在我媽準備晚餐時，我出了門。因為家裡只有一片豬肝，一罐玉米，我知道這種時候她一定又會說她不餓了。

我走到上城，走向中央車站，打算在布園公園坐一會兒，買一包脆餅乾吃。但就在公園外頭，我遇到了柯瑞。這是好幾個月以來我第一次看到他。他的臉一亮，大叫，「喂，蒂娜，你死到哪兒去啦？」

我告訴他，我在緩刑當中。我說，「我在準備GED考試，可能今年秋天就會進大學。」

他說，「真好，你當了了不起的大學畢業生以後，還會不會把我當朋友？」我告訴他，我永遠是他的朋友。他告訴我不常來中央車站混了，因為大家都變成了快克毒蟲。「我甚至也不能再跟愛波一起了，」他說。「上個禮拜，我們一起坐在候車室，那個小賤貨把手伸進我的口袋，偷了錢就跑。怎麼會有人沒品到連朋友的錢都偷？」

「是快克害的，」我告訴他。「愛波也不想這麼做。」

柯瑞說，「有什麼不同？她已經沒辦法控制自己了。」

他買了麥當勞的漢堡和幾罐啤酒，我們一起吃。然後我們去看了一場功夫電影。接下來我只記得柯瑞從座位上搖醒我，說，「蒂娜，已經兩點多了。」

「慘了，我的門禁時間過了。」

「對不起，」柯瑞跟我說，「我也睡著了。」

柯瑞說願意跟我一起回家解釋，但我想那只會讓情況更糟。我媽知道他是我在中央車站的朋友之一，她不可能相信我們只是看電影睡著了而已。就連我都覺得這種理由聽起來像個愚蠢的藉口。我們在電影院門口吵了起來，柯瑞告訴我，如果我現在不回去，只會讓情況更糟。我告訴他少管閒事。「那好，蒂娜，這是你自己的生活，」他這麼說，然後他就走了。

我自己一個人站在深夜兩點鐘的羅辛電影院門口。就算我想去中央車站也去不成了，因為現在車站已經關閉了。更慘的是，竟然開始下雨了。我坐進一家咖啡店，吃了一個酥餅，一杯可樂，混到八點三十分。然後我找了一個公用電話，打對方付費電話給瑪姬。我說，「瑪姬，我知道你一定會生氣，可是……」我告訴她我在外面待了整晚，告訴她發生了什麼事，不過省略了啤酒和大麻的部分。我說，「對不起，瑪姬，我知道我錯了，不論多晚我都應該回家的，如果你覺得我說我看電影睡著了是謊話，我也不怪你。就算你不想當我的戒護官了，我也不怪你。」

她說，「馬上搭地鐵到我的辦公室來。」

我想，瑪姬一定會對我大吼大叫，或是把我轉給別人，甚至呈報我違反規定，但她真正的舉動卻讓我大吃一驚。她從辦公桌後面站起來，緊緊的擁抱我，說，「你全身都濕透了。」

就在那時，我瞭解到瑪姬不是只把這份工作當成一份差事而已，她真的關心我。我也開始回報她。那天，我說了很多話，談我自己，還有一些我做過以後又後悔的事。那天早上大部分的時間，我都待在她辦公室。敞開來談對我來說並不容易。這是一個解脫。有些事我自己一直不願意面對，更別說是說出來讓別人知道了。

兩個禮拜以後，瑪姬告訴我，她要走了。她要去當假釋官，而不再當緩刑的戒護官。七月底的時候，她就會把我的案子轉給其他人。

我想，就在同一天，我回家的時候，發現羅伯睡在雙層床上。他看起來比以前更邋遢了，鬍子沒刮，頭髮油膩的糾結在一起。他的襯衫又吊回了衣架上。有人，我猜是我媽，把我的衣服疊了起來，塞在羅比的床下面。孩子們坐在地板上看電視，聲音開得很小，免得吵到羅伯睡覺。我媽也在，假裝對電視節目很有興趣，所以沒看到我進門。

瑪姬一個月之內就要離開，我才剛剛開始信任她而已。羅伯又回到家裡來了，他和媽一定又會開始吵架。不管我往那邊走，碰上的都是一團糟。

瑪姬替我申請了布魯克林學院，六月底的時候，他們寄了一封通知給她，說我可以在秋季入學。只要七月考GED的時候，我能高分通過就行。我頭痛的只有數學和社會兩門課。不過我一直加倍用功苦讀。

要去上大學我應該很興奮才對。但我高興主要是為了瑪姬。她把這當成一件天大的事，所以我也這麼覺得。事實上，我才十八歲，對大學一點概念也沒有。我不認識上過大學的人，除了瑪姬之外。瑪姬還告訴我，她幫我找好了心理醫生，她走了以後，我可以定期去看他。我告訴她不可能。我說，「我想像以前那樣，一個人就好了，可以嗎？這種關心來關心去的玩意兒，已經把我搞糊塗、搞煩、搞怕了。」

瑪姬坐回她的座位，把腿蹺了起來。她穿著運動衫，長褲，戴著帽子，帽子顏色幾乎跟她的眼睛顏色一樣。「我知道這對你來說並不好受，你可以對我說說你現在的感覺嗎？」

「不，我不行，因為我自己也不知道。」生氣？可能吧，也有些絕望。一個對我很重要的人就要離開我了，我卻一點辦法也沒有。

我很感激她能當我的戒護官。瑪姬非常堅強獨立，她有自己的房子，有一份工作，自己可以照顧自己。她不用依賴男人，像我媽那樣。我認識的成年女性之中，她是第一個讓我覺得，嗯，以後像她這樣也不賴的人。另外一方面，對她的走，我很生氣。我想，我的內心深處認為，如果她真的關心我，一定會想辦法留下來。

七月的時候瑪姬去度了一個禮拜的假。我想這是一件好事吧，因為我可以先練習沒有她在的日子。不管怎樣，我的想法沒什麼惡意。

那個禮拜的周末，我回家的時間超過了門禁時間幾分鐘。我看到羅伯看錶察看時間時，告訴他，「少管我的閒事。」

我媽已經睡了，但羅伯還是把她叫了起來，開始告狀。「你怎麼可以讓她那樣跟我說話？你不能想點辦法嗎？」

「蒂娜，」她說，「上床去。」我想她只是想讓他閉嘴，好繼續睡覺。

「我不累，」我告訴她。

「喂，」羅伯說，「別跟她頂嘴。」

「滾遠一點，好吧？你又不是我爸，不用你來告訴我該做什麼。」

羅伯本來坐在電視機旁邊的地板上，他跳起來，大喊，「我幹嘛要看你臉色！」我媽也同時喊道，「蒂娜，別亂說話！」然後我就走了出去。我知道羅伯不會追出來，因為他只穿了長T恤和內褲，還有一雙很髒的白襪子。

我想，好吧，我就在大廳等一會好了，等他冷靜一點，等我媽上床睡覺。但我還沒來得及點香菸，就聽見我媽和他彼此大吼大叫的聲音。潔西卡哭了起來，因為被吵醒了。我把香菸塞回口袋裡，離開了這個鬼地方。

我去中央車站，史莫基告訴我愛波在聖愛格妮絲教堂，那裡離車站只有一條街。她沒待在平常待的地方，所以我繞到後面去。我原以為她不在，不過後來紙箱動了起來，我看到下面有人。

「這是一個小窩，」我把一個紙箱移開的時候，愛波說。「我蓋了一個舒適的小窩，沒人找得到我。你要進來嗎？」她在台階上往旁邊移了一下，空出位置來給我。我在她身邊坐下來，她把箱子蓋回來，圍在我們身邊。箱子下面很暗，不過等到眼睛適應以後我就看得很清楚了。愛波穿著一件海軍藍運動衫和短褲。瘦得膝蓋骨像門手把一樣突了出來。她說，「不過我的東西不能分你。我躲起來是因為不想看到車站裡面的那些混蛋。一堆豬頭。我現在都不跟他們說話了，除非絕對必要。還有喬治・麥唐諾也在找我，想逼我去戒毒中心。」

她把一整瓶快克倒進煙管裡，點上火，吸了一口。我注意到她的嘴巴周圍有膿包，下巴也有，大小跟腫起來的大痘子差不多。還有，她說話的時候嘴角還是會抽筋，就像臉頰裡有鉤子在拉她的嘴唇似的。我想跟她說，也許喬治是對的，也許你應該照他說的去做。但我知道，只要一說出她不愛聽的話，她就會叫我滾。

她遞了一品脫伏特加給我，「你可以喝一點。」她說。

我差點就說不用了，謝謝。她嘴巴上那些膿包，還有去年冬天她給我看的背上腫起來的硬塊。但我還是接了過來，我們在這個紙箱搭的小巢裡坐了一會兒。愛波吸著快克，我啜著伏特加。我覺得我們就像兩隻小老鼠。那個晚上很暖和，愛波身上有髒衣服和汗水的味道。她可能很久沒洗過澡了。但在那些味道下面還有另一種味道。那是愛波的味道，她皮膚的味道，透過灰塵和汗水她的身體自然發出來的天然氣息。

過了一段很久的時間，伏特加幾乎喝光了，她的快克也只剩下最後一瓶。「我得馬上到上城一趟，」她說。「你不可以跟我去。」

「沒關係。」

我們開始搬開頭上的紙箱。從裡面出來真好。我感覺到微風吹過來。我把紙箱疊起來，堆在台階的頂端。我只是沒事找事做，盡量延長這次會面的時間。愛波站在那裡看著我，她的短褲鬆垮垮的垂在身上。一條褲管起碼還裝得下三隻腳。

「你知道，」她說，「只要有人開始接近我，我有時候就會傷害他們，好保持距離。你瞭解這一點，對吧？」我點點頭。

「我知道你懂，因為你也是這樣。所以我們才是血肉相連的姊妹啊。」她開始走下樓梯，我可以感覺到淚水湧進了眼眶，我不知道為了什麼。

「你跟里奧就不是那樣，」我說，「你沒有跟里奧保持距離。」

「他的海洛英保持了我們的距離。」

我希望她快點走，免得我真的開始大哭起來。所以我沒再說什麼，只是看著她走上街，走向車站。那晚我就睡在教堂的台階上，這讓我覺得更接近愛波。

隔天瑪姬回來，跟我媽談了一會兒。我知道我媽一定把我整夜沒有回來的事告訴了她。瑪姬本來可以呈報我的，不過她沒有。她告訴我，她瞭解我現在非常不好過，她要離開了，家裡又是一團亂，但她要給我重新來過的機會。她希望我通過GED考試，去布魯克林學院唸書。她告訴我，我已經努力了這麼久，她不希望我在這個時候出錯，把一切都搞砸了。我告訴她我會努力，我是真心的。

第二天，我參加了GED的前半考試。考試時間是兩個半小時，不過比我想像的要簡單多了。考完以後，我告訴瑪姬我考得不錯，我要回家準備明天剩下的一半考試科目。

那是一個溫暖晴朗的天氣，回家時途中我去了中央車站。候車室裡沒有多少人，因為天氣很不錯。只有米琪和貝芙麗在。我跟她們打了招呼，她們問我有沒有香菸，我給了她們幾枝，然後就走了。從萊辛頓大道的出口出去，撞見杜恩正要進來。

「天啊，」他說，「蒂娜。你怎麼不見了?坐牢了嗎?」他很用力的跟我握手。「我在緩刑期，」我告訴他。「不過有時候我會來逛逛。」

「是嗎?那，我們一定都很想念彼此囉。」我跟他一起回到車站，坐在東邊陽台，天井上面的樓梯上。「嗯，」他說，「你看起來不錯。」

「我一直在上學，我今天剛考完GED考試的前半科目。」

「真不是蓋的，難不難?」

「我想我考得還不錯吧。明天還得回去考完剩下一半的題目。」

「哇，」他說，「你就要拿到文憑了。我想你應該慶祝一下。吃點冰淇淋吧。」他把冰淇淋塞給我。看起來是水蜜桃口味。我告訴他，不用，謝謝。他說，「那，抽一管怎麼樣？」

杜恩跟我吸了五瓶快克，我們在四十七街的小公園睡著了。我一直到九點才醒過來。我知道已經不可能來得及到城中區考試以後，真想就此永遠消失。或者，至少我希望不用再見到瑪姬。

我回到中央車站找愛波，不過每個人都說她躲起來吸毒了。她有好幾天沒來，從我跟她在教堂碰面以她就沒出現過。所以我討了一些錢，跟貝芙麗一起吸了一點快克，然後到史莫基的地方睡了一整天。

那晚深夜，我回到家，每個人都睡了。第二天早上，我媽什麼也沒說。我相信她一定跟瑪姬談過了，瑪姬大概叫她不要跟我說什麼。

到瑪姬辦公室是我這輩子做過最難的幾件事。她沒打招呼，我走到她座位上的時候她只是坐在那裡。她看起來不像生氣的樣子，但比生氣還要可怕得多。很冷漠，像個陌生人。

我沒辦法看著她，所以我抓了一把夾子，一個個排在手掌上。我說，「我想你已經知道我昨天沒去考試了吧。」她問我能不能告訴她為什麼，我說不行。我做不到。我自己也不知道是為了什麼。她問我前天晚上到哪兒去了。

我告訴她，「跟幾個朋友一起。」我還是沒看瑪姬。

「看在老天份上，蒂娜，你到底是怎麼啦？」

「我沒有怎樣。只是想念朋友而已。」

「你全都搞砸了。你知道我得依規定報上去，是不是？」

我沒回答。我沒辦法回答。因為我哭了。我把夾子丟回小塑膠盒裡，把臉埋在手裡。以前這種事也發生過一次，我對瑪姬哭過一次，她給我紙筆，好讓我能用寫的繼續談。她現在把我的日記本和一枝筆遞了過來，說，「你為什麼搞砸了，蒂娜？寫給我看。」

我寫道：「我搞砸了是因為你關心我！」一滴眼淚掉在紙上，瑪姬遞了面紙給我。「你心裡在想什麼？把你現在的感覺寫給我看。」我寫道，「這是善與惡之間的戰爭。」「蒂娜，為什麼要藏住臉？」我寫：「我不願意人家看著我，說我是卑劣的小偷和妓女，雖然表面看起來是這樣。」瑪姬讀了我的答案，等我擦乾眼睛，說，「那麼，人家看你的時候，你希望她們怎麼說呢？」我的眼淚流個不停，看不清楚，所以沒辦法寫字。我告訴瑪姬，「我希望人家看到我的時候，能看見真正的我，好的我。可是那個我被埋得很深，有十五呎深。」

她拿走我手裡的筆，合上我的日記，收進檔案櫃抽屜。她說，「你的日記我會替你好好收著。」然後她站起身來說，「我現在得呈報你的行為。」

在往法庭那一層樓的電梯裡，她伸手抱住我，說，「你是個堅強的女孩，蒂娜。如果你夠努力的話，你可以挖出十五呎底下的自己。」

我最後一次看到愛波是在瑞克島的拘留所，在瑪姬告發我的行為之後。他們把我和巴士上的其他女人關進拘留處的第一間牢房。愛波就在那兒，躺在角落裡熟睡著。她的身體蜷成球狀，一隻手墊在頭底下當枕頭。

我馬上走過去，坐在她身邊，說，「喂，愛波。」我叫了好幾次，但她一動也不動。她完全意識不清，大概還沒有從我前幾天晚上看到她的那場快克狂歡中復原過來。她穿著跟那天一樣的衣服，身上非常髒。我待在她身邊守著她，除了被叫出去辦報到和照照片之外。他們送晚餐來的時候，我替她留了一份三明治和茶。她醒過來就可以吃。我的晚餐就坐在她身邊吃掉了。有個女人，一個跟我媽年紀差不多的妓女，頭髮上有亮片，想把愛波的食物拿走，她說看得出來愛波不想吃。

我叫她滾遠一點，她想不想吃由我決定。然後，有個大塊頭的黑女人跟那個妓女說，識相的話，最好別碰那個可憐的皮包骨的小女孩的食物。

我盡力保持清醒，看著愛波，以防有人來騷擾她或偷她的球鞋。我記得第一次看到她的時候，她也是像現在一樣蜷著身子睡著，躺在文森公寓的墊子上。那時她赤著腳，穿著牛仔褲和一件的灰色加菲貓運動衫，比現在多了二十磅。我覺得她是我看過最漂亮的人。

終於，等到其他多數女人都入睡以後，我的眼睛也睜不開了。我在她身邊躺了下來。接下來我只記得我看著她的頭髮，離我的臉只有幾吋遠，想著她的頭髮真是亂七八糟。我口袋裡有一把梳子，也許明天醒過來的時候我可以幫她把那些糾結梳開。但我醒來的時候她已經走了。移到另一間牢房，或是被放了出去。她的三明治還放在我身邊，已經餿了。

待在瑞克島的人都會被指派到一名社工。我的社工名字叫伊蓮。我們一個禮拜應該見一次面，坐在日間活動室的桌邊談話。她要我談談心裡想的事，不管什麼都好。所以我告訴她愛波的事，還有我很想她。我請她幫我找找愛波是不是還在瑞克島上，或是已經放了出去。

下一個禮拜，伊蓮帶著報紙來了。報紙的第二頁上面有一張愛波的相片，還有前天她自殺的報導，她在聖愛格妮絲教堂前面的台階上，朝自己的頭部開了一槍。

第四部

我住進東尼舅舅家的第一個晚上，我們伸長手腳躺在他房間的床上，看電視上播的一部電影。廣告的時候他轉頭對我說，「我知道你是同性戀。」

我開始大笑。其實是一種神經質、緊張的咯咯笑。以前從來沒人對我說過這種話，尤其是我的家人。他告訴我，「我小時候日子很難熬。也許現在對你來說已經比較輕鬆了。」

「是啊，」我說，「也許吧。」

「是嗎，那就好。」

廣告結束，接著播起電影。我坐在那裡看著東尼舅舅看電影。

我和東尼舅舅住的兩房公寓位在布魯克林區的薛爾路，靠近柯尼島。這個地方真的很不錯：樓下是廚房，客廳，半套衛浴，一個陽台，樓上是兩個臥房，全套衛浴和陽台。對了，還有一個浴缸。哇，我真是愛死了那個浴缸了。這棟大樓還有門房。我覺得這實在太酷了，住在一個付錢請人幫你開門的地方。

東尼舅舅在波多黎各也有一棟公寓。他的男朋友佛萊迪現在就住在那裡。一兩個月東尼舅舅會過去一次，一次去一個星期。「下次我帶你一起去，」他說。

我沒辦法想像千里迢迢的到波多黎各去，還有搭飛機。我從來沒有搭過飛機，事實上，我唯一離開紐約州的經驗是跟愛波一起去紐澤西。第一次在搭便車到佛羅里達時被警察抓了，第二次就是跟那些橄欖球員。

東尼舅舅大概五十多歲，有點瘦，他的頭髮正要開始變白，頭頂上小小的禿了一圈。不過人家通常不會注意到，因為他每次出門的時候都戴著一頂白色的牛仔草帽。這種帽子看起來很土，不過戴在他頭上感覺還不錯。

東尼舅舅還養了一隻叫做「高速公路」的狗。是一隻獅子狗。那種毛長長蓬蓬的的小型狗。他是為了佛萊迪才養的。高速公路很喜歡東尼舅舅，他把牠寵壞了。牠不吃狗食。我們晚飯吃什麼，牠就跟著吃什麼。東尼舅舅沒有餐桌，只有客廳那張水晶桌子。他在自己床上吃飯，一邊看電視。我則在我床上吃，除非我們剛好同時用餐才會一起吃。那時我就跟東尼舅舅和高速公路一起坐下來吃，牠有一隻特製的吃飯的碗擺在床腳。

東尼舅舅有三四道拿手菜，他老是重複的煮這些菜。他最喜歡的兩道菜是漢堡和一種用義大利麵醬煮的雞肉。有時候他會煎豬排或是煮特製雞湯。

有一天晚上，我們正在吃著晚飯，我想起十二歲跟他一起住時，他曾經煮給我吃過的一道菜。他把鮪魚放在漢堡肉上面，再在上面蓋上一片融化的起士，然後配麵包捲或是麵包吃。這是他發明的，他把它叫做吞斯卡（Toonska）堡。

我問東尼舅舅記不記得吞斯卡堡，他說，哇，上次他煮這道菜是好久以前的事了。我問下次我們可不可以煮來吃，他說，當然啦，然後連忙伸手抓起餐巾，因為高速公路剛剛吃完，臉上和鬍鬚上都沾滿了醬汁。如果不馬上把牠的臉擦乾淨，牠就會跑到樓下，擦在斑馬沙發上。

隔天晚上，東尼舅舅做了吞斯卡堡當晚餐，嚐起來就跟我記憶中的滋味一樣的好吃。

雖然我在關懷之家的計畫已經結束，也搬進了東尼舅舅的公寓，我還是繼續在那裡工作。他們告訴我可以用日傭工的身份留下來。現在我領到的支票是全薪的了，兩百五十塊錢。他們把我分到高登（Gordon）小組，負責油漆，因為這是我最拿手的項目。

另外，我也接到了大學的入學許可，九月就要開學。難以置信吧。幾年以前，我搞砸了進布魯克林學院的機會，我沒想過還會有第二次機會。但關懷之家九個月的工作計畫結束以後，裡面的導師會坐下來跟你談，「以後要做什麼？」導師建議我考慮去讀大學。海麗葉也覺得這是個好主意。我現在有了GED的成績，但當我知道還要通過入學考試的時候，我想，「我是不可能通過考試的。」

我還是去考了，我參加了金斯堡（Kingsborough）社區學院的入學考試，那是布魯克林區一所二年制的學院。我在撒馬利亞村的時候，做過職業性向測驗。我得到兩個建議。一個是心理治療師，另外一個我忘了。所以我申請金斯堡的時候就以心理治療作為主修。

大概一個月以後，我接到金斯堡的來信，上面寫著，我可以在九月去就讀。我簡直不敢相信。我到處跳來跳去，把信拿給每個人看。我告訴了我的導師、海麗葉和東尼舅舅，然後打電話給我媽和傑美。「想不到吧，」我告訴大家，「我要去上大學了！」

我一直跟麥特保持聯絡，他出來以後就跟他媽一起住在皇后區，我們現在有時候會見見面，我很高興又有了朋友。我和麥特會一起去看電影，或到處閒逛，偶爾去打撞球。我跟東尼舅舅常常一起去打。東尼舅舅很喜歡撞球，還有一套自己的球竿，他打得很好，每次我都打不過他。但我總是打贏麥特。

有一天晚上，我很晚才回家，因為我跟麥特去打了撞球，之後又去喝了幾杯啤酒。不過我喝得太多了。我回家的時候還沒有完全清醒，再加上那時已經是凌晨兩三點了，走上樓梯的時候，東尼舅舅的聲音突然從黑暗的客廳裡冒出來，幾乎沒把我的魂嚇掉，他說，「你知道現在幾點了嗎？」我本來想拔腿就跑，接著我才想到那不過是東尼舅舅，坐在黑漆漆的客廳裡，像情境喜劇場景裡一個詭異版的媽一樣。「嗯，」我說，「我知道很晚了……」「不准你再這麼做，蒂娜。如果你要這麼晚回家，先打電話告訴我。知道嗎？」我看不見他的臉，只看到他的身形在房間另一頭的斑馬沙發上坐得很直。但從他的語調聽得出來，他生氣了。我也火了。

「我又沒在服刑。我愛幾點回家就幾點回家，不關你的事。」

「錯了。只要你住在這裡，就關我的事。」

「喂，我付了房租，我已經超過二十一歲了，別對我擺出一副老爸說教的面孔。」

東尼舅舅慢慢站起來，就像身體不大舒服似的。接著我注意到他走得更慢了，動作還有點僵硬，就像個老頭子似的。他開始扶著欄杆，爬上樓梯。我以前也沒看過他這樣。「住在我家，就要照我的規矩來。如果你不喜歡的話，最好搬出去。」

「好啊，」我跟他說，「出去就出去。」然後在他爬完樓梯之前，我就走出了大門。

如果我沒喝得那麼醉，接下來的事情大概就不會發生了。但就算我是清醒的，聽到東尼舅舅叫我搬出去，我還是會抓狂的。我覺得，這種話實在是太傷我的心了。我搭電梯下樓，沒等門房開門，自己打開大廳的門。我在盛怒當中，但我不知道自己在幹什麼，也不知道接下來要怎麼做，直到我看見蝙蝠車停在大樓停車場的第一排。

東尼舅舅從來不鎖車的，因為這輛車很舊了，沒人會想偷。我用力拉開車門，開始用拳頭用力搥著儀表板，儀表板開始亂晃，我越搥，它就晃得越厲害。不知道為什麼，它突然鬆開了。我抓住邊緣，用力一拉，整個該死的儀表板就被我扳了下來，抓在手裡。連收音機一起。收音機是新的，東尼舅舅上個月才裝的。

突然之間，我累了，不只累，而是筋疲力盡，我的手也痛得要命。我把彎曲的儀表板留在座位上，連收音機一起，然後跌跌撞撞走回公寓。東尼舅舅沒鎖門，真是太好了，因為我跑出去的時候沒帶鑰匙。現在，我只想上床睡大覺。

這個禮拜，佛萊迪要從波多黎各來看東尼舅舅。他要去理髮的時候，發現蝙蝠車慘遭破壞。他告訴了東尼舅舅，我猜。東尼舅舅衝進我的房間，連門都沒敲。我全身無力，才剛剛醒過來。但我一看到他站在我床邊，鼻孔裡噴火的時候，我就記起了昨天晚上發生的事。

「是你把我的車弄成那樣的嗎？」他大叫。我以前從來沒聽過東尼舅舅大叫。

「對啦，」我告訴他，然後跳下床，打開抽屜，把衣服丟進東尼舅舅的購物袋。那個袋子我本來塞在床底下，是去購物的時候用的。

「蒂娜，你到底在搞什麼鬼？」

「我在收拾行李，我要離開這裡。」我現在才注意到我還穿著昨天晚上的衣服。我太過神智不清，連衣服都沒脫就上床了。

「你哪兒也不准去。」他說。我把最後一個的抽屜的衣服倒進購物袋，把錢從梳妝台裡拿出來，想繞過東尼舅舅，走出房門，但他緊緊抓住我的手。

「你現在不會要我了，我把你的車弄壞了。」突然我有一種想哭的感覺，天啊，真討厭。

「可是你會出錢把它修好的，不是嗎？」他鬆開手，我在床上重重坐了下來，「新的儀表板，新的收音機，至少要好幾百塊呢。」

我回答不出來，因為我哭了起來，所以我點頭說是。他在那裡站了一下，低頭看著我。他說，「老天，算你好運，我吃了鎮靜劑。」他走了以後我把衣服放回去。

東尼舅舅要我留下來。東尼舅舅願意要我。

＊＊＊

有人告訴過我，我忘了是誰，「如果你非進瑞克島不可，最好被關在精神病房。那個地方最輕鬆，尤其是如果你沒在那裡坐過牢的話。」我問，怎麼才能關進精神病房，那個人告訴我，很簡單。在拘留處的時候，如果心理醫生問你是不是想自殺，說是就好了。

所以，瑪姬呈報我以後，我就這麼做了。結果，我可以在精神病房服完三十四天的刑期。那裡正式的名稱是心理觀察室（MO:Mental Observation）。雖然那時我以為那個地方爛透了，但一年以後我就發現，比起普通牢房來，在ＭＯ坐牢已經很不錯了。

第二個禮拜，我的社工員告訴了我愛波的消息。很奇怪，那時我並沒有什麼感覺。我們坐在日間活動室的桌子旁邊，我想讀那篇報導，可是字句產生不了意義。社工伊蓮說，「你要報紙的話，可以拿去。」她走了以後，我回我的牢房坐了好幾個小時，瞪著愛波的照片看，希望有點感覺。那天晚上，熄了燈，我站在牢房的窗戶旁邊，看著天空很久很久，不斷告訴自己，愛波死了。

那天晚上我做了惡夢。愛波和我待在一棟大樓的屋頂上，也許是她奶奶在柯尼島的公寓吧，我正在阻止她跳樓。我抓住她的腰，緊緊抱住，就在那時，一陣強風吹來，像是颶風一樣，把她從我手裡吹走了。我聽到她尖叫，「救救我，蒂娜，救我！」突然之間，她開始向下掉，但已經太遲了。我救不了她。

九月二日，我從瑞克島出獄，回去跟我媽一起住。一切都沒有改變。我們還是擠在那個小房間裡，我媽和羅伯還是吵個沒完。羅伯恨我，我也恨他。我媽則被夾在中間。再加上她對我被送進監獄感到很失望，那種情緒就一直卡在我們之間。

我盡量待在外面，能不回家就不回家。

我的新緩刑官是瑪姬轉任假釋官以前在ＩＳＰ的主管。我見過她幾次面。她叫尤蘭達，跟瑪姬一點也不像。她是一個身材高大的黑人，老是一副很嚴肅的態度。心地不錯，但很古板。尤蘭達去度假之前，我跟她只見過兩次面，告訴她家裡的日子我實在忍不下去了。她說一度假回來就會著手幫我找中途之家。

我一踏進中央車站，就覺得一切都變了。看起來還是一樣，但我知道一切都不同了。那時我開始明白我體內的那個愛波離開了。在瑞克島，愛波的死訊對我來說並不真實，但在這裡，在愛波經常往來的這個地方，還有那群朋友之間，我不得不面對這個事實。

我找到了史莫基、貝芙麗、米琪、杜恩、柯瑞和法蘭西斯。每個人都有自己的意見，可以想見，他們對這個話題已經聊了很多。貝芙麗和米琪告訴我，「她是被謀殺的。」我問她們為什麼覺得愛波是被謀殺的，貝芙麗說，要是有快克可吸到爽，沒有人會開槍自殺的。

她死的時候有人在教堂階梯上跟她一起。我在報上看過，是個我認識的人，叫山多士，愛波的搶劫伙伴之一。柯瑞覺得是山多士殺了她，有些其他人也這麼認為。但山多士在槍擊事件發生後就馬上被警察逮捕了。他手上沒有火藥反應。愛波手上才留有火藥，所以警察放了他。愛波死後的兩個星期，山多士因為闖進上城東區的一戶公寓偷東西而被送進牢裡，報上稱他是「城東區的樑上君子」。

多數人都覺得愛波是開槍自殺的，杜恩說她吸快克一連吸了四天，可能已經喪失了神智，根本不知道自己做了些什麼。

但法蘭西斯告訴我愛波的槍是在一輛小貨車上偷的，愛波打算把它賣掉。

跟我談話的每個人好像都已經度過了震驚和傷心的階段。對他們來說，那已經是三個禮拜以前的事了，但對我來說，它才剛剛開始發生。

史莫基是唯一看來還在為愛波感到難過的人。

他看起來不大好，他一直都是瘦瘦小小的，不過我離開的這段時間他更瘦了，還掉了一些牙齒。他的鬍子到處亂長，像隻長毛狗一樣。

「沒人救得了她，」他說，「沒有人。」他來回搖著頭，好像這種擺動是他表達悲傷的一種方式。我告訴他，「要是我在就好了，她就不會死。」

「你以為她會聽你的話？你瞭解愛波，她誰的話也不聽。」

「可是，」我說，「還有她爸爸啊。如果她去了加州，就可能不會死。她一直在等她爸爸來接她。」

「她也告訴你這些鬼扯蛋的話？什麼她爸要來接她？」

「他不會來嗎？」

「聽好了，不會，他不會來。他讓她隨時都可以打對方付費電話找他，但親愛的爹地才不會讓她搬去住，搞亂他的生活。」這個謊言是說給她自己聽的。

尤蘭達去度假的時候，我開始大量喝酒。我行乞要錢，錢夠的時候就找個人幫我買伏特加或是白蘭地，不夠的時候就買啤酒。我想忘掉那種痛苦，但我不確定痛苦的原因何在。有時候我會喝得醉醺醺的進家門。要是羅伯不在的話，我媽就會假裝沒看到，這是她表現生氣的方式之一。但要是羅伯在家的話，那天晚上就有得吵了。我用盡力氣忍住不開口，因為我知道一說話只會讓情形變得更糟。

我到聖愛格妮斯教堂去了幾次。我聽說她是在上面數來第三個階梯自戕的，所以我就坐在那裡。每次我去階梯上都有一個花圈，每天都不一樣的花圈。一次是雛菊，一次是粉紅色的花，第三次是六朵玫瑰。我到中央車站問有沒有人知道花圈是誰送的。每個人都看到了，不過沒有人知道是誰放的。

我媽告訴我，要是我再喝醉回家，就得搬出去住，我知道是羅伯叫她這麼說的。尤蘭達度假回來了，告訴我再在我媽家忍一陣子，因為她已經幫我找到一個叫綠色希望之家（Project Greenhope）的地方，很快我就可以進去了。那是一一九街的一個中途之家。我告訴她，我簡直等不及了。

九月底的時候我去了綠色希望之家。那個地方還不壞。一開始，我也真的很努力。那裡還有十二個女人，大概都是三、四十歲，全都剛戒完毒，正準備重新搭上生命列車，重建自己的生活。

住在那裡比住在我媽家快樂。但尤蘭達開始對我施加壓力。她叫我去上GED的短期夜間課程，白天我應該找一份工作。麥當勞或者其他那類的爛工作。我應該存錢，那麼，等到冬天結束之前，我就可以有自己的公寓。哇，等一下，拜託。

我覺得快喘不過氣來了。令人沮喪的工作，夜校，我自己的公寓……救命啊。我才十八歲，還是個小孩，我想當小孩當久一點。而且誰說我想要自己的公寓了？在街頭上，我唯一的責任就是活下去而已。要我負責任沒有關係，可是要一步一步慢慢來啊。

綠色希望之家位在哈林區。哈林區每條巷道的毒品加起來大概比整個城中區的曼哈頓還要多。每天我出門的時候，就算只是到街角的小店去買香菸，都有很多種選擇。任何一種毒品，只要想得到的都有。我努力假裝沒看見，可是並不容易。因為我覺得筋疲力盡，這麼多的壓力，我需要一個出口。

到十一月初，我又重新歸隊，整天都耗在中央車站了。我睡在秘密小屋，它還在台子上，狀態保持得跟去年冬天他們抓我入獄的時候一樣好。尤蘭達對我發出了逮捕令，因為我違反緩刑規定，警察告訴我，我最好自首，否則他們就要逮捕我。

感恩節之前，我從公共電話打給尤蘭達。我那天沒吸毒，不過喝了很多酒。她說，「蒂娜，你在哪裡？」我說，「不能告訴你。」

她沈默了一會兒，好像在等我多說點什麼，然後她問，「你什麼時候才要回來報到？」

「我不能回去，我回去的話你會把我抓起來。」

「那，我真不知道你打電話來幹嘛。」

「這個嘛，我只是想讓你知道我還活著，因為你人不錯，我想你可能會有點擔心我。」

「沒錯，我很擔心你。蒂娜，過來吧，我們可以解決這件事。」

「怎麼解決？」「電話上不能談。你過來，我們再說。」

我說，「感恩節快樂，尤蘭達，」掛了電話。

感恩節的晚上，我又夢到了愛波，跟上次知道她死訊後在瑞克島夢見的一樣真實。

我們置身在那棟廢棄大樓裡，幾年以前我們跟羅倫佐一起待過的那個地方。萬聖節到了，愛波說，「我們到四十二街去玩『不給糖就搗蛋』吧。」我問她為什麼，她說她餓了，我們可以要到糖果跟吃的東西。這個夢境很詭異，因為，到現在為止，一切都是在重現過去發生的事。我說我們沒有化妝道具的時候，她說我們當然有，我們可以穿著自己的髒衣服扮乞丐。

每件事都跟以前發生的一模一樣。去搭地鐵的時候站在月台上等車，突然想起愛波不到兩年就死了。我想著，好吧，如果我做出不同的舉動，也許可以改變這個結局。

列車高速進站了，我說，「愛波，別上車。」

「幹嘛不上，這是直達車啊。」

「不，求求你，不要上車。我們不要玩不給糖就搗蛋了，我不想去了。」

「去你的，你說過你要去的，我才不要一個人去。」列車的門開了，愛波抓住我的手，把我拖進去。

「不要，」我告訴她，「我們去找別的事做。不管你想做什麼我都跟你去，拜託。」

現在我們兩個都上了車，她看著我，覺得我瘋了。門關了，列車開動。我開始哭了起來，當著火車上每個人的面，我哭個不停，我跟她說，「我想要製造不同的結局啊。」但火車的聲音太吵了，她沒聽見。

小吃店的傑瑞跟我說，「我還以為你走了，蒂娜。你怎麼又回來了？」

我不該進來這裡的，應該到報攤買就好了。「把香菸給我就是了，好不好？」

他把一包香菸放在櫃臺上，敲響收銀機。

「你看起來很糟糕。你可以過得更好的，丫頭，你不屬於這裡。」

我把香菸放進口袋，跟他說，「回頭見，」就走出了門。

其他在車站的工作人員也開始來煩我。有個清潔工，一個頭髮灰白的西班牙裔人，從我第一次來的時候他就認識我了，正推著清潔車通過大廳。他停下來跟我說，「我還以為你朋友死了你就回家了。看到你又出現在這裡，真讓我難過。」

他推著車子走開之前給了我三塊錢。告訴我，「聽好，只能拿去買吃的，知道嗎？不能拿去幹別的事。」我答應會把錢拿去買披薩，然後塞進夾克口袋。這樣才不會跟買快克的錢搞混。那些錢我放在牛仔褲口袋裡。

吸快克的時候我一樣喝很多酒，這樣，就算不亢奮的時候我還可以維持醉酒狀態。這是逃避聖誕節就要來臨的唯一方法。

我又打了電話給尤蘭達。她聽起來很高興聽見我的聲音，一點也不生氣，她要我自首，因為很快就會抓到我，要是如此，要時候我只能再去坐牢。我告訴她讓我考慮到假期結束，假期一結束我就自首。

尤蘭達沈默了一會兒。然後我聽到她嘆了一口氣。「好好照顧自己，蒂娜。拜託小心一點，我們一月再見。」

我手上的傷口沒有像以前那樣自動痊癒。手指上的傷一直不肯好，變得紅紅的，還會腫起來。我用肥皂和水來洗，可是沒什麼用。再說，我的手總是在一小時之內就又會弄髒。照我這種過日子的方式，是不可能保持乾淨的。上次洗澡是五六個禮拜以前的事了，當時我還住在綠色希望之家。我在傷口上倒伏特加，很痛，但還是好不了。

傑美，那個作家，給了我一條抗生素藥膏，還有一小盒繃帶。她告訴我，進女廁所，把傷口好好洗乾淨，再擦上藥膏，綁上繃帶。我告訴她，我的喉嚨也痛，脖子也有點腫。我問她，你覺得這是什麼病？她說，可能是鏈球菌感染吧。她說我應該去貝勒富檢查一下。

但我沒去。我不能去。萬一是愛滋的話怎麼辦？傑瑞、那個老清潔工、一些車站調度員、還有一兩個警察，像柯索夫，都對我說一樣的話：你又年輕又漂亮，你有能力，有前途。在這裡幹什麼？

有時候我自己也很疑惑，我以前是因為愛波才來的，但她已經死了。那我為什麼還在這裡？如果大家跟我說的話都是真的，我又漂亮又聰明，我有能力也有前途，我卻困在這裡，一定有什麼地方不對勁。一個正常人絕不會像我這樣過日子。

我捲起袖子，把一根點燃的香菸往赤裸的手臂上燙。我用力按著香菸，擠壓它，非常用力，一直到香煙熄滅為止。我低聲說，「嚐嚐這個滋味，這裡，這裡，還有這裡！」一點也不痛，再怎麼樣都不夠，不夠我懲罰我變成一個乞丐，不夠懲罰我是個怪胎，我是個神經病，是個不適合生存在社會上的人，不夠懲罰我竟然讓這世上我唯一真正愛的人死去。

我跟尤蘭達說要自首是真的。但新年過後的那個禮拜，我在吸快克。接著我的生日到了，我不要在生日當天去自首。然後我一直拖一直拖，因為只要一想到我就很心慌。我告訴自己今天不去——明天去，明天，明天，而明天一直沒來臨。但送拘票的來了。尤蘭達一直等到十二號以後才派他們來抓我。

＊＊＊

波多黎各的海灘是你在紐約絕對沒辦法看到的：砂粒乾淨潔白，海水又溫暖又清澈，可以一眼望到底，沒有海草，也沒有垃圾。到處都是棕櫚樹和色彩鮮豔的花朵。就像風景明信片一樣。大多數的日子我都待在沙灘上把皮膚曬黑。我戴著耳機，還帶著書，要是被太陽曬得太熱的話，我就跳進溫暖的海水裡泡泡，游一下泳，然後再上來曬太陽。

東尼舅舅和佛萊迪的公寓在靠近海灘的一棟大廈的七樓。只有一間臥室，所以我睡在客廳的沙發床上。不怎麼舒服，因為只有臥室裡才有空調。而晚上很熱，有時候簡直熱得睡不著。我得起床把頭浸在冷水裡。

我是一個人飛到波多黎各去的，因為東尼舅舅先去了。高速公路被送去給我媽照顧。我很緊張。這是我第一次搭飛機，而我得自己一個人去。起飛時有點可怕，看到飛機上有些西班牙人拿著念珠禱告，更讓我擔心。但我們一飛上高空以後，每個人看起來就安心多了，所以我也跟著放下心來。

東尼舅舅在機場等我。他擁抱了我，問我有沒有坐到靠窗的位置，我說有啊，不過除了起飛和降落的時候，沒有什麼東西好看。我們從紐約起飛時，飛過一個小島的上空。我可以很清楚的看到它。雖然那個島很小，但擠滿了房子。上面有街道橫越，還有一座橋跟陸地連接。我們完全飛過以後我才想起來，那是瑞克島。我想，我一開始沒認出來，是因為從來沒有從上面看過它。

除了在海灘上消磨很多時間以外，我們也去觀光。東尼舅舅帶我去舊城區，那裡有城市的古老建築和碉堡。東尼舅舅和佛萊迪也帶我去雨林。佛萊迪是波多黎各人，所以大多數的花朵、植物和樹木他都叫得出名字。不過東尼舅舅走路走得很辛苦，我跟他同住的時候，他隨身帶著柺杖，他跟我說那只是拿著好看的。那是一根閃閃發亮的木頭柺杖，他說他喜歡那種感覺。不過現在，在雨林當中，我注意到他隨時都用柺杖，但還是趕不上我跟佛萊迪的腳步。他必須時時停下來調勻呼吸。我問他，「你沒事吧，」，他說沒事。

我和東尼舅舅九月飛回紐約，因為學校要開學。我去接高速公路，我媽說她把我的貓丟掉了。我說，「你說把我的貓丟掉了是什麼意思？」

「我照顧牠們太累了。我受不了了。牠們一直爬到窗簾上，孩子們也不幫忙照顧。後來東尼又把高速公路塞給我。」

「你不能先跟我說一下嗎？你不能先讓我想想辦法嗎？」

「想什麼辦法，蒂娜？你人在波多黎各啊。還有，別對我吼。」我沒有吼，我在哭。我不懂為什麼會有人那麼簡單就把幾隻小動物處理掉，不給我機會挽救一下。我抓住高速公路的皮帶。「那，星期天再見了，你跟東尼會來吧？」

「我不會來。」我說，然後牽著狗，摔上門，走了出去。

我把送他們的禮物留在廚房桌上，我從波多黎各買回來的一些東西。給羅比和潔西卡的是T恤，上面畫了一隻鸚鵡，還有聖胡安的字樣。我媽的是一件印著花朵圖案的襯衫。

去波多黎各之前，我辭去了關懷之家的工作。我告訴東尼舅舅要找一份晚上的工作，因為白天要上學。離開關懷之家我才明白這裡對我有多重要。我在這裡學到怎麼工作，怎麼從工作裡找到榮譽感，還賺到實質的薪水。還有，我也開始發覺撒馬利亞村對我的意義，關懷之家是我的中繼站，從一個流浪漢到一個能過正常社會生活的人。

我在撒馬利亞村雖然一再犯錯，但那裡讓我戒掉毒品，洗淨身心，準備好接受轉變。我想它們兩者進入我生命的時間都恰到好處。

金斯堡社區大學位在布魯克林區，學校很大。頭幾個禮拜，我每天至少要迷兩次路。我修的科目有數學、英文、生物、心理學導論，英文和數學是必修科目。我的選課指導告訴我生物很好過，選心理學則是因為我覺得會很有趣。

上大學讓我覺得很酷，我以前從沒想過我能親眼看到大學裡面長什麼樣子。不過也有點可怕，因為大多數班上的同學都比我年輕。十八、九歲，才剛剛高中畢業，而且看起來都非常有自信。他們就像生來就屬於這裡。我看起來也很適應，因為我很努力不讓別人看出來，其實我並不習慣。

我對課業也全力以赴。數學最難，雖然這只是基礎數學；英文也不容易，因為老師要我們讀詩，然後解釋含意。雖然我對閱讀很拿手，要理解詩歌對我來說還是很困難。這跟讀一篇故事不一樣，故事裡面的人說什麼就是什麼，可是詩歌呢，有時候你根本搞不清楚他們在鬼扯什麼。

我喜歡生物，老師人不錯。他不光站在那裡講課而已，他會讓我們彼此討論。如果有些地方你聽不懂，他就會再講一遍，直到你懂了為止。課程的第一部份學的是食物跟維他命，它們怎麼影響你的健康和老化狀況。

我最喜歡的課是心理學。我們讀到人的基本需求，還有行為控制。因為太有趣了，我讀的書往往超出指定範圍之外，往前多讀個二、三章才會停下來。老師問問題的時候，通常我都知道答案。

回到家，東尼舅舅一定會問我今天上了什麼課。我告訴他心理學學到的人類基本需求，還有生物課學到的東西。我建議他什麼行為該做、不該做。比如他抽很多煙，抽煙會殺死β胡蘿蔔素，他應該多吃維他命C，不應該抽煙。我告訴他，運動可以延緩老化，促進健康，因為可以強化心肺和肌肉。「如果你每天做點運動的話，可以幫助你改善疲勞和呼吸急促的狀況。你可以從和緩的運動開始，像是每天在街上散散步，然後每個禮拜逐漸增加運動量。」

「這個主意不錯，」他說，然後伸手拿了一片高速公路漢堡裡的肉。東尼舅舅聽我講學校的事情的時候總是很有興趣的樣子，但我有種感覺，這些事情他都早就知道了。他是為了我才裝得很有興趣，好讓我對上學保持興趣。因為他的生活還是沒什麼改變。他從來沒去買維他命C，他還是煎漢堡肉，吃雞皮，開車到得了的地方絕不走路，即使只隔一條街。

學校唯一讓我不喜歡的地方是，我沒有真正的朋友。我跟別人相處得不錯。但大部分時間都是自己一個人。在學校時，我看到學生們會一起吃午飯，一起做功課，一起坐在外面曬太陽。就像他們是一個龐大俱樂部的一份子，而我不是會員，也不知道要怎樣才能加入。

有一天，我跟一個英文課上認識的女生聊了幾句，突然她問我，禮拜六要不要跟她和她表妹一起去購物中心。我說，「好啊。」這是禮拜四的事，我有整整兩天可以咬著手指甲考慮要不要當個爽約的混蛋。好在她不是星期一問我，我可能會把全部的手指頭都吃下去。

她叫伊瑪妮，我去了，沒當混蛋。事實上，我的心情一放鬆下來，就玩得很盡興了。伊瑪妮是個黑人女孩，比我大一歲，從非洲來的。她的父母分屬不同種族，到非洲參加和平工作隊的時候，領養了她。她很聰明，很親切，以後想當體育老師。她當了我兩個月的朋友。

「跟你在一起實在太辛苦了。」最後她跟我說。「你哪裡都不想去，什麼人都不想見，你實在太害羞了，你只要放鬆，不要想自己有多害羞，就會玩得很高興了。」

「沒那麼簡單。」也許我並不公平，期望她瞭解這一切。我告訴過伊瑪妮一些我的經歷，但我說得不多。我只說我有毒癮問題，去過戒毒中心，現在已經戒掉了。我說得不夠多，她沒辦法瞭解我是從什麼樣的世界來的。

我沒去，我做不到。伊瑪妮跟我通了電話，然後生氣的掛了電話。星期一早上上英文課，她甚至不願意跟我說話。

好像失去唯一的朋友還不夠慘似的，東尼舅舅又拿找工作的事來煩我。他每天晚上都會問我有沒有找到工作，我每天晚上都回答他沒有。「那就是你不夠努力，」他說。「再加點油，好不好？」

我知道他很擔心，因為我在關懷之家賺的錢已經花得差不多了，而他得向我收房租。他現在已經沒有固定的室內設計工作了。我不知道原因，他也沒講過。但我知道他的錢不多。

問題是，晚上的工作很不好找，尤其是你又沒有什麼專長。我照著報紙廣告打了幾個電話，但他們都要有經驗的人：服務生、售貨員、電影院賣票的都一樣。我甚至打電話給一個上夜班需要人照顧小孩的女士。我告訴她我有過當保母的經驗，這也不算是說謊，因為我照顧我的小弟弟小妹妹也有很久的時間了，但她要推薦信。我會拆除牆壁，搭隔間，粉刷天花板，太太，但我沒辦法證明我夠資格幫你的小孩子換尿布。

有一天晚上東尼舅舅抱著一袋雜貨回家，告訴我佩斯馬克超市的櫥窗上貼了徵人廣告。

「我沒有超級市場的工作經驗。」

「那個廣告上又沒說要經驗。你今天晚上吃完飯以後可以過去看看。」

結果——他們僱用了我，當收銀員。你相信嗎？他們不在乎我沒有經驗，我受了兩天訓，我本來不想要這份爛工作的。

在佩斯馬克可以穿自己的衣服，不過要罩上一件藍色的罩衫。所以我可以直接去工作，不用換衣服。有天晚上我在浴缸裡泡了太久，上班差點遲到。東尼舅舅有客人。他在樓下跟他的律師講話，不過他留了一塊豬排給我當晚餐。

我知道律師是來幹嘛的。東尼舅舅正在跟幫他動腎臟手術的醫院打官司，至於他為什麼要告，我就不知道了。但這場官司已經進行很久了，從我跟他一起住的時候就開始了。我急忙跑回房間換衣服，才有時間吃晚飯。我聽到了樓下的幾句談話。「你知道，」律師說，「法官還是誰問起的話，你得告訴他們你的ＨＩＶ是陽性反應。」

我馬上在走廊上停下腳步。

「你聽好，我不想告訴他們。我應該不用說才對。」是我舅舅的聲音。

「你付錢給我，就是要聽我的建議，東尼。你最好接受。」律師又說。

東尼舅舅又說他不願意告訴別人這件事，律師說他非說不可，他們說來說去一直重複這幾句話。我趕快回房間匆忙穿好衣服。

我們在撒馬利亞村辦過愛滋病的講座，他們給我們看過得病的人的照片。他們看起來都病得很重很重，身上有潰瘍跟疹子，體重只有五十磅。可是東尼舅舅看起來不像生病的樣子。他現在用枴杖走路，很容易累，但那是因為他年紀漸漸大了，沒有好好當心身體，好好吃東西。還有，他的腎本來就不好。

所以我不大明白剛才在樓下聽到的話是什麼意思。在撒馬利亞的時候，他們從來沒說過一個人可以得了愛滋，看起來還像健康的人一樣。

我站著在廚房吃了晚飯，抓起外套，出來道晚安。

東尼舅舅坐在沙發上，高速公路躺在他膝蓋上。他看起來很累，不過也許是因為立燈的光在他眼睛下面和嘴巴周圍投下了黑影。那個律師叫做梅爾，坐在情人座上，面前的茶几上攤著一大堆文件。桌上還有個半滿的玻璃杯，裝的大概是可樂吧。

「鑰匙拿了沒，蒂娜？」東尼舅舅總是這麼問。

「拿了。」

「因為你回家的時候，我搞不好已經睡著了。」這句話他也一直都會說，但通常他都還醒著看電視。

「好。」我等了一會兒，因為他還有一句習慣的老話沒有說。

「不要收到木頭硬幣呦。」

「不會的，東尼舅舅。」這句話我不太懂。我從來沒看過木頭做的硬幣。我不知道有那種東西。我鎖上門。我可以聽到他們又說起話來了。

我不會跟他說我聽到了什麼。他告訴過律師他不想談這件事。我想，我也是。

＊＊＊

法官判我在瑞克島關四個月，我只待了不到三個月，八十一天。在拘留所，我告訴心理醫生有時候會想自殺，他就把我送進心理觀察室。他們把我放到「四樓上層」。

心理觀察室住起來很不錯。這次我來的時候很不舒服。我手上的傷口已經用崔西桿菌素治好了，不過我的喉嚨還是很痛，過去幾個月以來，我瘦了很多。老實說，我並不介意來到這樣一個安全溫暖的地方，每天有三餐供應，還有乾淨的床單，有抗憂鬱劑防止你心情沮喪，有醫生開給我盤尼西林治喉嚨。我的生活有了固定的規範，他們告訴你該做什麼，什麼時候做，也告訴你什麼事不能做。卸下所有的責任一段時間，對我來說倒是一件好事。

所以八十一天過去了。我睡覺，吃飯，讀書，看電視。他們也安排我參加受刑人教育課程，我每天都上課，準備GED考試。他們幫我做過測驗，我的閱讀分數是第十級，第三個月，數學成績是第八級，第六個月。他們說我的成績不錯。但我去年在暑期班的成績更好。

從我牢房看出去是一小條滿佈塵土的道路，從監獄一直沿著水邊延伸出去。我常常在想，沿著這條路走下去會是怎樣的情形。但它到底通往何處，我想像不出來。

我在愚人節出獄，我的緩刑期已經滿了，因為法官認為我坐牢的天數已經夠多了。我不用再向別人報告了。我直接回中央車站。我還有哪裡可以去呢？反正我現在什麼也不在乎了，前三天我就只做這件事，跟史莫基吸了個痛快。我有八十一天的份要補回來呢。

有一個中年生意人拼命打量我。他一直走來走去，故做無事狀，但他一直用眼睛瞄我，我只想獨處。我坐在傑瑞小吃店旁邊的空地上，喝著黑莓白蘭地。他想要我當他的妓女。

我已經坐過好幾次牢了，所以已經是個不折不扣的罪犯。我最好應該稱職的扮演這個角色才對。瑪姬已經不在了，現在我已經不必努力讓自己行為良好，以便對誰負責。我喝光了瓶子裡的白蘭地，想著，「好吧，生意人先生，再來一次吧，我會逮到你的。」我本來是要自己幹的，不過法蘭西斯走了過來，看我有沒有東西抽。

那個生意人通勤族站在報攤旁邊翻雜誌。我把他指給法蘭西斯看，我說，「如果那個混蛋再過來的話。我就要把他帶到一〇五號軌道下面，你到那裡去跟我會合。」

那個人當然又過來了，我朝他點點頭。他問我有沒有地方，我說，「你要幹什麼？」他說吹喇叭。這是我在瑞克島學到的，你必須讓他們先開口，說自己要幹嘛。要是你先開口而他是警察的話，他就會以賣淫的罪名逮捕你。

我把他帶到月台下面的樓梯後面。法蘭西斯一直在那裡等著，不過等到我叫他脫下褲子他才行動，因為這時他比較沒有抵抗力。法蘭西斯大叫，「你想對我妹妹幹什麼！」

那個人說，「對不起，對不起。我不知道她是你妹妹。」但法蘭西斯扼住他的脖子，我則在他褲子口袋裡翻找皮夾。不怎麼好找，因為褲子堆在他腳踝上。

我想，要是那個人沒來抓我的話，法蘭西斯本來是不會傷害他的。法蘭西斯雖然扼住了他的脖子，那個人還是抓住我的手臂不放。我一邊抵抗，一邊咒罵，想用腳踢他。他用膝蓋頂我的肚子，就在那時，法蘭西斯拿出蝴蝶刀，用刀柄往他的頭上敲了下去。他重重的敲了好幾次，他鬆了手，我才得以脫身。

那一夜我們在四十七街的小廣場度過。那個人的皮夾裡有七十五塊錢，我們到上城買便宜的快克。那一晚，我們每個人都吸了十五瓶。第二天，我又回到中央車站，坐在傑瑞小吃店旁邊的空地上喝啤酒。當我看到那個人又走過來時——不過他頭上綁著繃帶——我沒動。我記得他盯著我看的時候，我想，噢，該死。然後，他走了。我想，我真的該溜了。但我的身心都被快克搞得疲憊不堪，我還是像個呆瓜一樣，坐在那裡。

十分鐘以後，他帶著三個警察回來。一個從樓梯，一個從後面，一個從旁邊過來。我全都認識。他們說，「走吧，蒂娜。」我什麼也沒說，跟著去了。

我的罪名是傷害和搶劫。出獄一個禮拜以後，我又回到了瑞克島。他們把我分到普通牢房，我要求回心理觀察室，但這次他們不聽我的。

我在一般牢房的房間跟心理觀察室的一模一樣。一扇拉門，上面有個鑲鐵柵的小玻璃窗，裡面是一張床，一張椅子，一張桌子，一個櫃子，一個馬桶和洗臉台。從窗戶裡我可以看見拉瓜地亞機場的一部分，還有正對機場的布拉卡鐘錶工廠。

一天的行程如下：起床，吃早餐，坐在日間活動室裡，看電視或玩牌，吃晚餐，坐在活動室裡，看電視或玩牌，然後被鎖進牢房過夜。第一個禮拜以後，一切就比較容易了。我那區有個女人問我，「你想玩牌嗎？」她們在玩「黑桃」（Spades），有人缺一個伴。黑桃在瑞克島是件大事。每個人都玩，用來賭香菸。不過要湊四個人，分兩組才能玩。我說，好啊。

我在MO的時候已經學會怎麼玩了。每天在一般牢房玩黑桃，逐漸的，你就會認識別人。要不了多久，你就可以融入其中了。

每天有一個小時可以打電話。但每個人都會搶電話用，排隊的總有二三十個人那麼長。通常我都懶得排，我打過幾次電話給斯塔頓島的史丹，叫他給我錢買點日用品，因為我在貝勒富住院的時候，他給過我錢。但除此之外，我不知道還要打給誰。

瑪姬在北部當假釋官，我想尤蘭達應該告訴了她我的事，還有我現在在哪裡。我們有時候會寫信。但她很清楚的告訴我，她對我感到很失望。傑美也寫信給我，還送平裝書和文具給我，我媽不知道我在這裡，我羞於啟齒。

六月底的時候，他們把我轉到監獄的羅斯辛格中心（Rose M. Singer Center）。我住在上層的牢房，每樣東西都是新的，很乾淨。我那時已經交了幾個朋友，也一起被轉了過來。麗莎是個高個子的金髮女郎，跟我年紀差不多，薇拉看起來不過十九歲，但事實上已經快三十了。她們是因為結夥搶劫被捕的。在瑞克島，交上朋友，團結起來很重要。因為這裡有很多女人隨時都在找人打架。如果她們看到你不是一個人，就不會來惹你了。

我已經登記工作好幾個月了。終於，有個管理員來告訴我，他們把我分到清潔組。工作時間是午夜到凌晨五點。負責拖地和打蠟。一個人把舊的蠟刮掉，另一個人跟在後面拖地板，第三個人打上新的蠟。我們有五六個人，負責不同的走廊。我很喜歡這份工作，免得無聊。而且，我們每晚可以賺五塊錢，直接撥到我們的戶頭。我在差不多早上六點的時候上床睡覺。一直睡到下午。我錯過了很多頓用餐時間。

我媽的生日是九月，那時我還在牢裡。我想送她一張卡片，或是打個電話。但一想到跟她聯絡，我就很緊張。所以我把她的電話號碼給了傑美，拜託她打電話告訴我媽，告訴她蒂娜現在很好。我拜託她別跟我媽說我在坐牢，除非我媽問起。要是她問的話，就告訴她實話。然後，拜託馬上寫信給我，告訴我她有什麼反應。

我聽到有信時，雙腳開始發抖。一開始我連信封都沒辦法拆開，只是坐在床上瞪著信封看，希望我有X光透視眼，可以看到裡面說什麼。然後我深呼吸了一下，打開信封。

我媽沒問我在哪裡，所以傑美沒跟她說。我媽跟傑美說，很高興聽到蒂娜安好的消息，請告訴蒂娜，媽媽和弟妹都會永遠愛她，他們都很想蒂娜，希望蒂娜會盡快跟他們聯絡。

我把這封信讀了四五次。以後在瑞克島我每天都至少拿出來重讀一次。但到了後來，信上的字跡幾乎已經讀不出來，因為我的眼淚弄糊了墨水，而且紙頁也皺得亂七八糟，我每天晚上都把它放在枕頭底下壓著睡。

我寫信給我媽。寫得很簡短。告訴她我在哪裡，給她地址，要她替我抱抱、親親孩子們。她回信了，我高興得不得了，所以我沒寫信，而是打了電話過去。我排隊等電話等了三十分鐘。她聽起來很親切。說很高興聽到我的聲音。她叫羅比來聽，他很興奮，因為下個禮拜就要上幼稚園了。他告訴我，「我要搭校車上學。」

從那以後我每個禮拜都打幾次電話。我問我媽會不會來看我。她說等到八月底潔西卡露營回來的時候，他們就會一起來。

我媽跟我的會面非常痛苦。不只是我，我們每個人都一樣。我們坐在一張桌子旁，羅比坐在我媽腿上。潔西卡因為露營曬黑了，但她幾乎跟羅比一樣瘦。我媽穿了一件顏色鮮豔的花洋裝，上面有很多粉紅色，黃色和綠色的圖案。我認出來——這就是她碰到重要場合的時候穿的那件洋裝，像是去社會福利中心，或是去登記市政府的公寓，還有去幫潔西卡報名夏令營的時候穿的。看到她今天穿上這件衣服，我的喉頭哽住了。因為她穿的目的竟然是到牢裡來看我。我很難過我的家人必須置身這種環境，到這種地方來，只為了見我一面。

我們團聚了，卻反而沒什麼話可說。我們只是坐在那裡，彼此對看。我媽沒問我為什麼會坐牢。這種事她並不想知道。我問她公寓有沒有消息，因為去年春天她就登記了國民住宅，一般的等候期大概是一到三年。她說沒有，他們還在等。羅比開始在我媽腿上動來動去，用球鞋踢她的腳。我告訴我媽，「你還是早點走好了，孩子們可能想走了。」

她她問，「你什麼時候才能出去？」我告訴她十月底，還有兩個月。我問她到時候是不是還能跟他們一起住。她說，住一陣子沒問題，但住起來不會太舒服，「你知道我們大家都擠在一起是什麼滋味。」

「沒關係，媽，」我告訴她。「真的。」反正我也不想擠進那個小房間。如果我能在街頭上過自由生活的話，幹嘛要回去？

我媽站起來離開時，我匆匆的擁抱她，也抱了孩子們。我跟我媽說，「生日快樂，我會寄卡片給你。這裡的販賣部有賣。」他們走出會客室的門，我則從相反的方向出去，管理員等在那裡搜身。在門關上以前我回頭張望，看到我媽的花洋裝消失在兩個警衛人員後面。

十月三十一日，萬聖節，我搭上藍白巴士，回到紐約。我的口袋裡有八十八塊錢，是我工作賺來的，每個禮拜買完東西以後剩下的錢。而且，我自由了。

注意了，紐約城，蒂娜回來了。

＊＊＊

回到中央車站的第一個月，我吸的快克比以前任何時候都多。一個晚上一口氣抽光十瓶是常有的事。買不起快克的時候，我就喝酒：黑莓白蘭地、伏特加，有時候是約翰走路。大家都說我跟愛波越來越像了，我告訴他們，「是嗎，好極了。」

我要知道愛波死前去過哪裡，我要有和她一樣的感覺。所以我必須做她以前做過的事，跟她做得一模一樣。我也必須達到那種對什麼都不在乎的境界。

我獨來獨往。柯瑞不常出現。傑奇走了。我不知道他去哪裡。他們說法蘭西斯坐牢去了，史莫基躲了起來，因為警察正在追捕他，他偷了一堆正面樓梯上的銅欄杆。我如果跟別人在一起，大部分是跟哈利，或者，偶爾是席維。席維出獄了，但他現在變了樣子。監獄改變了他，讓他滿懷怒氣。有時候我會被他嚇到。

我花很多時間乞討，想賺足夠的錢買毒品。又快要過節了，人們總是會多施捨一點。但我賺的錢沒有以前多了。我也注意到通勤者沒有以前那樣友善了。我不想知道原因是什麼。不想去想那是因為我看起來已經不再年輕可愛，我更不願意想到，漸漸的，我跟一般的乞丐已經沒什麼兩樣了。

聖誕節之前的那個禮拜，我打電話給我媽。我剛從瑞克島出來的時候，跟她一起住了一個禮拜，但我們吵得太凶，所以我又離家了。聽到我的聲音，她好像很驚訝。我們聊了一會兒，她問我要不要回家過聖誕節。我說，當然啦，然後很快掛了電話。

我把錢給候車室附近的一個老人，叫他去賣酒的店裡買一品脫約翰走路給我。很快的把它喝了下去，因為喝得太急，甚至開始反胃。柯索夫警官正在售票口旁邊值勤，他把我叫過去，說我好像是在縱酒狂歡的樣子。「慶祝聖誕節嗎？」

我說不是。我剛跟我媽通過電話，我很想她，還有我的弟弟妹妹。我開始哭了起來。他說，「唉，你會沒事的，好好睡一覺就好了。」

聖誕節那天我大部分時間都在隧道裡睡覺。我覺得這樣不錯。我不想過聖誕節，不想對這個節日有任何感覺。

我在中央車站一共過了四次聖誕節，這一次是我記得最清楚的。跟著個老頭一塊討錢，喝啤酒，聽聖誕歌曲，談著我們的家人。

大概九點的時候，啤酒喝完了。那個老頭打起盹來，我想溜下隧道，在那個黑暗的地方睡上一整年。但在我移動腳步之前，兩個曾經送食物給我的義工匆匆忙忙的走過來。

他們告訴我，「我們剛才在候車室發禮物，還有剩的。」

他們手上有一些用紅綠彩紙包裝起來的禮物。從形狀來看，應該是圍巾、手套或襪子吧。我說謝了，我已經有了。他們說，「好吧，聖誕快樂。」

「你們也是，」我說。

當我想從吸毒的狀態裡恢復過來的時候，跟自己講話很有用。因為我的腦袋已經亂成一團、糊里糊塗了。有時候我甚至會看到幻象。我需要一樣事情讓我專心，才能回到現實。一個真實的東西，像是我自己的聲音。

一月六日是我的二十歲生日。二十歲，哇，這真是太可怕了。我不想變老，我想永遠當個小孩。變老就表示會變成背著袋子、雙腿腫脹、無家可歸的歐巴桑。

一月的時候，我拍了「四十八小時」那個節目。但他們告訴我等到二月才會播出。我之所以答應拍，是因為哈利要我賺這筆錢。我身邊的朋友已經不多了，哈利對我來說很重要。

＊＊＊

我吸了太多快克，以致於開始聽見奇怪的聲音：無線電對講機的聲音，警察的交談，「好，現在我們發現她了，對，她抽了很多，她的煙管藏在牛仔褲口袋裡，她正在四十三街上往東移動。」所以我很快的穿過馬路，往西區跑。

我必須一直走個不停，要是站著不動，那個聲音就會趕上我。有時候，我過於疑神疑鬼，連街上都不敢去。中央車站比較安全，我會一整天在車站裡繞著大圈子走來走去，從一個門進來，又從另一個門出去，一直走個不停。

傑瑞看到我拿著白蘭地酒瓶坐在小吃店旁邊，就叫我進去，給了我一碗蛤蜊濃湯，和罐子裡的一條酸黃瓜。湯很好喝，又熱又濃。我上次吃東西是昨天的事了。他說，「你看起來像是貓拖進來的垃圾。」

我告訴他，「你自己也不見得贏得了選美比賽。」

兩個調度員走進來，跟傑瑞點了三明治。「蒂娜，你好嗎？」其中一個問。他叫莫爾。

「還不錯，你怎麼樣？」

「噢，」他說，「老了。」

「不會，你不老啊。」

「但也快了，」他說。「我希望有天你也會變老。」

我告訴莫爾，「啊，別擔心，我們會一起老。」

「你會跟愛波一樣的。你應該開始好好照顧自己。」

「我有，我有，」我說。「看，我在吃東西。」

「你在吃什麼？」

「湯。看到了沒？湯對身體有好處。」

莫爾開始跟傑瑞談論我，就當我不在那裡似的。「這個小孩還有大好未來，」他說。

「我真希望她趕快離開這裡，趁著一切還來得及。」他對我說，「蒂娜，這個地方不是你該待的。你聽見了嗎，蒂娜？你不應該待在這裡。」

我告訴他，「你們知道嗎，我這個月要上電視了，『四十八小時』。」

哈利猜到我懷孕了。我沒告訴過他，但他就是知道了。哈利說我得好好吃東西，不能再吸毒，連大麻也不行。他說我得為寶寶著想。我說，去你的，哈利，什麼寶寶？你答應過不會有小孩的。所以，相信我，哈利，不會有什麼小孩的。

女廁所裡有個清潔女工，不管我什麼時候走進去，都聽到她在大叫，「不准在這裡吸毒！」但如果是另一個女的值班的話，我就可以溜進廁所去，抽幾口快克。

然後我走出來，站在鏡子前面，看著我的眉毛。我的眉毛裡，嗯，我覺得我的眉毛裡有蟲。因為一用手指揉眉毛，我就聽到喀嚓的聲音。我想那也許是蟲的蛋。

那個清潔女工正在擦洗手台，她看到我揉眉毛，就問，「怎麼啦，親愛的？」

「這個地方，」我說，「我不應該待在這裡。」

我走到四十二街，走下萊辛頓大道。「我不應該待在這裡，」我告訴自己。「我跟車站裡的其他人不一樣。我不該在這裡。」有人在看我。也許我又大聲對自己說話了。那又怎樣，管他的。如果他們不喜歡，可以不要聽。

「不是我比較好或什麼的，」我告訴自己。「我不覺得我比較好。只是我不屬於這裡。」

我在哈利的地方躺了幾天。我需要從上次吸的快克裡復原過來。沒在睡覺的時候，我躺著聽火車進出的聲音，月台上的人聲。有時候，周圍安靜下來，我還會聽到老鼠的聲音。有一次，我醒過來，看到附近有一隻老鼠正在咬漢堡王的袋子。

有時候我彷彿飄在空中，往下凝視，我可以看到自己。穿著髒衣服，不知道多久沒洗澡了，睡在火車月台下面黑暗的洞裡，一床發臭的毯子上面。

我不屬於這個地方。

我開始發燒了。哈利對我很好，從傑瑞那裡拿漢堡，三明治和熱湯給我吃。我看得出來他很擔心。貝芙麗帶著咖啡和一瓶她從店裡偷的阿司匹靈下來。到了第二天，還是第三天，手傷讓我睡不安穩，我的手痛得睡不著。一開始我不知道是為什麼。然後我記起了，是幾天以前跟米雪兒打架的時候，在樓梯上弄傷的。

隔天，我的手根本不能動了。就算快克也止不了我的痛。所以我知道我病得很重。我振作起來，到候車室打對方付費電話給傑美。她叫我快去貝勒富醫院的急診室，然後她打了電話給喬治。

＊＊＊

在佩斯馬克的工作就跟我想像得一樣單調無聊。但我是在這裡遇上席妮的。這次寶貴的工作機會是無可取代的。

席妮是夜班經理。但我一直做了六個月以後，才真正認識她。我們工作的時間不大一樣。周末沒課的時候，我上白天班。席妮有一種特質，馬上就讓我覺得跟她相處很自在。她是個親切的人，很容易相處，而且很愛笑。

她第一次來家裡的時候，東尼舅舅準備了晚餐，義大利麵醬汁的雞肉。飯後我沖了咖啡，我們在客廳裡坐了一兩個小時。都是東尼舅舅跟席妮在說話，我只是坐著聽而已。席妮是愛爾蘭來的，她告訴東尼舅舅在那裡長大的經歷，他告訴她他旅行過的地方，比如埃及。他們似乎有很多話好聊。我很驕傲我有個朋友可以跟東尼舅舅有深度的談話。席妮離開以後，他一直說她有多好，說個沒完。

東尼舅舅越來越瘦了。他現在不常出門，除非是牽高速公路去散步，或有時候去我媽家吃星期天的晚餐。他甚至也不開蝙蝠車了。大部分的時間，他都躺在樓下的沙發上聽音響，或是躺在床上看電視或錄影帶。他的頭髮幾乎全白了，禿的地方也開始擴散到整個頭頂。他看起來老了，也很脆弱。就像隨時會破掉似的。

我幫他從佩斯馬克帶日用品回家，所以他不用自己去採買。要是不趕著去上課，晚上我也煮飯。我試著做他喜歡的菜，像是義大利麵醬淋雞肉，但煮的一直沒有他好。我也常做漢堡，還有他教我做的燉菜和湯。

他現在很容易累，很多清掃工作也由我負責。我一個禮拜吸塵一次，拖一次廚房的地板。不過幾乎每天晚上都掃浴室。我用漂白水清掃淋浴間、洗手台和馬桶。因為我在學校圖書館查過，漂白水可以殺死ＨＩＶ病毒。

東尼舅舅知道我一直都用漂白水刷廁所。他有自己專用的玻璃杯，刀叉和湯匙，把它們收在廚房特定的地方。我們從沒談過他是HIV帶原者，但我想他現在他已經猜到我知道了。

席妮是一九八七年到美國來的，愛波死的同一年。她跟我從前認識的任何人都不一樣。她有張可愛的圓臉，差不多留到肩膀的棕髮，又大又圓的眼睛。她比我大六歲，是在愛爾蘭上的大學，拿行銷管理學位。我從沒想過一個大學畢業生、一個像席妮這麼了不起了人，會選擇和我作朋友。

但我想，她並不瞭解真正的我。等她瞭解以後，再看看她是不是真的會喜歡我吧。

我要一步一步慢慢來。第二個禮拜，我們去看了電影，在搭她的車回東尼舅舅家的路上，我提到，之所以現在才上大學，是因為我曾經逃家，染上毒癮，去戒毒中心。她聽起來很有興趣。她想知道我用的是什麼毒品。所以我告訴她，大部分是快克，不過也有海洛英、天使塵和大麻。

她聽過這些名字，但一點概念也沒有。比如說，看起來是什麼樣子，怎麼吸，為什麼要吸等等，然後她想知道戒毒中心是什麼樣子。我跟她說了撒馬利亞村的事。她真的很感興趣，問了一大堆問題。之後她說，「我真的很敬佩你有勇氣過走這一切，成功的戒毒。」

目前為止，情況良好。

那是初春一個暖和的晚上。我在陽台上喝啤酒，一邊自怨自艾。席妮跟她的朋友夏娃一起去參加宴會了。她邀請我一起去。雖然我喜歡夏娃，還是沒辦法應付派對這種場合。

我聽到東尼舅舅走到我身後，我以為他在自己的房間看電視，或是睡著了。「蒂娜，」他說，「你還好吧？」

我告訴他，「不好。」

東尼舅舅穿著一件絲質的藍色睡褲，是佛萊迪送他的，還有一件厚厚的套頭毛衣。他在我旁邊的塑膠椅上坐下來，慢慢的坐，像老人一樣。好像因為全身酸痛而必須放輕動作似的。他說，「你看，星星多麼清楚。真希望我們有望遠鏡。」

「我希望我有自己的生活。」

「你有的，你只是還不知道而已。」

「亂講。」

「沒關係，蒂娜，我已經好好的活過了。」

有一段時間我們什麼話也沒說。高架鐵路離這裡只有幾條街，每次火車經過的時候，聽起來都好像是從客廳中間穿過一樣。但我馬上就習慣了，因為我已經在火車站住了很長一段時間。

我喝啤酒時又有幾輛火車經過，然後又歸於寂靜。「東尼舅舅，你能幫我一個大忙嗎？」

「看情況。」

「你死了以後可以回來找我嗎？或者給我一個信號，讓我知道你沒事？」

他把手放在我肩膀上。「如果可以的話，我會的。就算我不行，我會一直與你同在。」

春天的時候，我弟弟法蘭基從佛羅里達搬回來了。席妮幫他在佩斯馬克找了份工作，清掃雜務等等。我不記得上次看到他是什麼時候，不過那大概是六年前的事了。他現在快滿二十二歲，看到眼前這位成熟的男人，而不是我從前那個小弟弟，感覺有點奇怪。有好幾年，我們寫信，通長途電話，但現在他回來了，我們彼此反而不知道該說些什麼。

就在法蘭基回來的那段時間，羅伯終於徹底搬出我媽家。我不確知這是什麼時候的事，或怎麼發生的，因為我不住家裡。但我知道他待在家裡的時間越來越少，最後就再也不回家了。沒人介意。我媽，潔西卡，甚至羅比，他自己的兒子，都不介意。

現在我媽的男朋友是華特。華特是我媽的男朋友裡，除了我爸之外，第一個年齡比她大的。他是個退休的警察，已經離婚了。雖然他不是最好的選擇，因為他老是批評我媽，但比起以前那些男人來，已經是一大進步了。

雖然沒有察覺，但我也逐漸建立起自己的生活。在不知不覺中，它就這樣成形了。每個禮拜六，我和席妮把日用雜貨帶回她家和東尼舅舅家。當我們抱著袋子走向她的車時，我看到停車場附近有一個老人。他之前在店裡，用一大堆空罐換錢。席妮直走過去開後車廂，但他趕上了我。「對不起，小姐，」他說，「要幫忙嗎？」

他穿著破爛的衣服，一件厚外套，雖然氣溫足有七十度，眼睛有一隻是瞎的。我告訴他，「好啊。」他從我手上拿了兩袋東西，幫我拿到車上。這個人看起來有點像去年聖誕節跟我一起在中央車站的那個乞丐。他不會相信的，我也很難置信，而那還是不久之前的事。我給了這個瞎一隻眼的人一塊錢。我猜他沒想到我會給這麼多。因為他謝了我大概六次。但，你知道，現在一塊錢對我來說，又算得了什麼呢？

席妮住在布魯克林，離我們住的地方不遠。有一天晚上，我過去吃晚飯，看電影。吃完以後，我把四十八小時那集節目錄影帶從背包拿出來，說，「我們先看這個。」

她不知道裡面是什麼，我也沒說。我坐在那裡，看她把錄影帶放進錄影機，在她看第一部的時候，我觀察她的表情。這部分拍的是中央車站的隧道多麼骯髒，多麼黑暗，還有一些住在那裡的吸毒者。她看起來有點困惑，像是在問，蒂娜幹嘛給我看這個？

然後我出現了。特寫。我的臉跟電視螢幕一樣大。我把香菸叼在嘴裡，表演兇狠強悍的樣子。席妮的眼睛睜得更大更圓了。她很快的掃了我一眼，好像是要確定我還跟她一起在房間裡，而螢幕上的蒂娜不過是冒牌貨。她說了什麼我聽不清楚的話，好像是，「我的天啊。」

她坐在墊子的邊上看完了整捲錄影帶。我坐在電視旁邊的地板上，但我看著她的臉，沒看電視。訪談結束的時候，我告訴哈洛•道，「我的話說完了，」然後起身離開。因為哈利拿著快克在外面等我。但我讓錄影帶繼續放下去，等著喬治對哈洛說，「蒂娜只是在等死而已。」然後我伸手關掉錄影機，把帶子退出來。

「怎麼樣，」我說。手裡拿著錄影帶，等著。

席妮還盯著螢光幕，雖然現在電視上空白一片。「我以前不知道，」她說。「現在你知道了。」

最後，她終於看著我。我想她的眼裡好像有淚水，因為她的眼睛閃閃發亮。「噢，蒂娜，」她說，「你真是一個勇敢的小孩。」

＊＊＊

東尼舅舅死於一九九二年十月。我媽跟華特到佩斯馬克來告訴我這個消息。她打電話找了他一整天，一直沒有回答，她開始擔心起來，所以就和華特過去察看。華特上樓，看到他倒在房間地板上。

他們載我回東尼舅舅家，我勉強自己上樓去看他。我嚇壞了。我以前從來沒看過死人。但殯儀館的人就要來了，我必須確定他真的死了，而不是一個天大的、瘋狂的錯誤。

我認識席妮已經十個月了。事情發生的時候，她正在出城的路上。至少我以為如此。她本來應該和夏娃一起去度假的，她找過我一起去，但我不肯。她們的車一直出問題，輪胎沒氣、火星塞塞住，最後還迷路了。終於，她們停在一家麥當勞吃漢堡和薯條，順便問路。店員敲響收銀機的時候，席妮看了一眼金額總數，告訴夏娃，夠了，這是壓垮駱駝的最後一根稻草，她們應該打道回府。夏娃不明白，席妮解釋說，666代表撒旦，代表一切邪惡的事物。如果你在虔誠的天主教家庭長大，就會把這種事情看得很嚴重。

她們掉頭回紐約，席妮到佩斯馬克來給我驚喜的時候，他們告訴她，我早退了，因為舅舅死了。所以，我正要蹲下身檢查東尼舅舅屍體的時候，她正好走進房間。

我是打算親他道別呢，還是把他叫醒，我也搞不清楚。然後我轉身，看到了席妮。當時，我沒問她為什麼會來，或是怎麼來的。她來的似乎再自然也不過了。一生中第一次，我沒有試圖停止哭泣。因為在她的懷抱裡，我可以盡情的哭。

幾個禮拜以後，法蘭基又回佛羅里達去了，還帶著孩子們。我媽跟華特住進來陪我。他們要離開的那一晚，我們回到舊家，讓潔西卡拿回忘記的東西。

這個地方一團亂。我們四個人，我、法蘭基、潔西卡和羅比都在門口站住了腳，因為大家都不想進去。我媽好像把抽屜裡的東西都倒了出來，想要的帶走，不要的就隨處丟在地板上：孩子們的舊玩具、衣服、她自己的一些衣服和化妝品、髮捲、一堆信，多半都沒有拆開過。羅伯的珠簾還掛在走道上，大多數的家具也還留著。

「我們的照片，還有那些東西。」法蘭基說，彎下腰去撿起一張照片。「這是我的三歲生日，看，蒂娜，那邊，爸爸的相片。」

「她為什麼要把照片丟掉？」羅比問。「難道她不想記得我們嗎？」

「就算她自己不要，至少可以替我們留著。」潔西卡說。法蘭基已經說服我媽，讓孩子跟他一起去佛羅里達。他說那裡的學校比較好，那裡對小孩來說，也比較安全，比較健康，比起紐約而言。華特又一直要我媽搬去跟他住。我想，這對我媽來說，也是最好的安排。因為我想華特是不會要孩子們一起住的。潔西卡十四歲了，羅伯也快九歲了。華特自己已經養了兩個小孩，對別人的小孩興趣應該不會太大。

潔西卡在一堆衣服裡翻找著她的小可愛和泳裝，羅比在找模型汽車。法蘭基和我也在一堆零亂裡搜尋我們想留下的東西。但我沒有心情整個翻一遍。看到這個地方變成這樣，實在太令人傷心了。我媽不只是丟掉了公寓裡的東西，也丟掉了我們共同生活的回憶。法蘭基撿回他三歲生日的照片，還有我爸的，我撿了一張我出生時跟爸媽合照的照片。

還有，我也把牆壁上掛的羅比和潔西卡的嬰兒照拿了下來，他們至少可以有一張照片留念，還有我五年級的畢業照。潔西卡那張油畫還掛在牆上，拇指看起來很奇怪的那一張。出去的時候我問潔西卡要不要替她拿回來，她說不用了，留在那裡就好了。現在我很後悔我沒拿。我應該留下更多東西才對。

席妮退掉了公寓，搬進來跟我住。聖誕節前，她帶了愛因斯坦回來。她已經問過我要不要養小狗，因為她朋友有一隻狗剛剛生產。但我跟她說我不想養動物。我們連高速公路都沒留下。東尼舅舅死後是我媽在養牠，等她搬去跟華特住以後，就把牠送給鄰居了。

我告訴席妮，養小動物一等到我開始喜歡牠們，牠們就離開了。我不想再受到傷害。隔天，席妮還是帶著小狗回來了。「看，」她說，把牠舉了起來：一隻胖嘟嘟，毛茸茸，捲成一團的小狗。「這是愛因斯坦，一半是拉布拉多犬，一半是牧羊犬。」

我有幾個鐘頭一直忍著不看牠。我知道，要是我看了，就會喜歡上牠。但我看電視的時候，牠爬到我的腿上，還爬到我的胸前，舔我的臉。牠發出那種小狗的聲音，聞起來有甜甜的奶味，而且身體一直扭個不停。

席妮和我在一起之前常常出門。有一間酒吧是她跟朋友星期五晚上常常去的。我們剛在一起的時候，席妮想叫我去見見她的朋友，但我總是拒絕。所以我們就一起去看電影，或是租錄影帶。可是過了一陣子之後，她開始跟我說應該「妥協」、「更有彈性」。也就是說，我不應該這麼頑固。有時候我應該做她想做的事，她有時候則做我想做的事。

我試了。有時候我會跟她一起出去。但她要是叫我去人很多的地方，像是酒吧或宴會之類的，我就會跟她說，「我會表現得很討人厭的。你自己去就好。」我沒辦法向她解釋，不是我想一切都照自己意思來，而是我沒辦法克服恐懼。

所以，一個月有幾次，她會自己一個人出去。這些晚上我就跟小狗一起坐在家裡，喝啤酒，怨恨她沒有我也能玩得很高興，怨恨自己為什麼沒辦法參加那種場合。對我來說，喝啤酒不是一個人獨處的時候該做的事。這會讓我胡思亂想，想起過去的種種。如果我讓自己想個沒完，所有的痛苦和罪惡感又會湧上來，因為，我還活著，愛波卻已經死了。

***

席妮一直糾正我的文法。還有，我的禮貌。「不要舔刀子，蒂娜，」我們第一次上餐廳吃飯的時候，她告訴我。她的態度並不兇，只是看著我，好像我讓她很驚訝。我們吃的是薄煎餅。我跟她說，「好啦，好啦，」放下刀子，雖然上面還有糖漿。

「沒人告訴過你不要那樣嗎？」

「我從來沒用刀吃過東西。」

「那你怎麼切肉？」她用那種好笑的愛爾蘭口音問。

「我不切，整塊拿起來，戳在刀叉上，用力咬就好了。」

雖然，事實上並非如此。事實是我有時候會直接用手拿東西吃。除非是義大利麵。反正，我們也沒那麼常吃肉。就算吃，通常也是雞翅膀，或是漢堡肉。我媽從來不介意我們是不是用手抓，但我不想告訴席妮這些事。

「喔，」她說，「這樣不怎麼淑女喔。」我發誓，要是幾年以前有人說我不夠淑女，我會罵他們是天殺的大混蛋。但我已經改變很多了吧，我猜，還有，席妮與眾不同。她對我說這些話的方式，讓我知道，她是因為關心我。

她也糾正我要把餐巾鋪在膝蓋上，還有對別人說請和謝謝。連我走路的方式也不對。她說我蹦蹦跳跳的。她叫我學她走路的樣子——身體打直，一隻腳踩在另一隻腳前面。

有一天，我們在一家小餐廳裡吃冰淇淋，我正在告訴她一件工作時發生的事，卻發現她盯著我看，好像我又做了什麼讓她驚奇的事。

「怎麼了？」我問她，「什麼事？」

她說，「你自己一點都沒感覺，對不對？」

「感覺什麼？」

「你打嗝的聲音。」我是沒感覺。打嗝的聲音有什麼了不起？吃東西的時候大家都會打嗝，習慣就好了。「先別告訴我，」我說，「這樣不淑女，對不對？」

席妮解釋說，如果非打嗝不可，應該保持安靜，不要發出聲音。打完以後應該掩住嘴，說對不起。「去你的，」我說。「如果你不喜歡我沒教養，我亂用文法，我走路的樣子和我亂打嗝，儘管去找一個比較淑女的人跟你在一起好了。比如那個該死的英國女王。」

我站起來走了出去。

我簡直快被她搞瘋了。她老是不停的糾正我。有時候，我會盡量維持合宜的舉動，但我一個人的時候，我就打嗝打得很大聲，走路的時候也照常蹦蹦跳跳。

不過，好笑的事發生了：一段時間之後，就算只有我一個人在，我也忘了該如何回到我以前的方式。席妮教我的那些，逐漸的，自然變成了我的習慣。

我開始明白，知道怎樣才算舉止得體以後，我就有信心外出了。越是學會遊戲規則，我就越不用擔心會做出蠢事，讓大家知道我曾是一個無家可歸的遊民。我開始覺得，也許中央車站並不是我唯一可以融入的地方。

＊＊＊

一九九六年一月，我們搬來布魯克林區賓森赫斯（Bensonhurst）的這間公寓。這是一棟三戶的住宅，位在安靜的區域。我們擁有一樓和院子。這對我們還有養的寵物來說再好也不過了。因為現在我們除了愛因斯坦，還有米妮。牠是隻鬥牛犬，在一次龍捲風的時候被從車裡甩出來，席妮的朋友救了牠。我們還養了一隻小黑貓，叫「垃圾」。幾年以前，工地的人在垃圾桶裡發現的，那時候我回到關懷之家當了一陣子廚師。

我妹妹潔西卡十八歲了。也跟我們住在一起。她在佛羅里達過得很辛苦，所以我們叫她回紐約來。現在她在必勝客工作，一邊上課，準備考同等學力文憑。

羅比也有一些問題。佛羅里達州政府本來要把他送到寄養家庭，因為他們覺得他跟法蘭基住沒有得到應有的照顧。結果我媽把他送到內布拉斯加的寄宿學校去了。因為她覺得這樣對他比較好。每隔幾個禮拜他就會打電話給我，看來過得還不錯。

我在梅西百貨家庭用品部當了兩年多的店員。我休學了一陣子，因為全職工作還要上整天課有點吃不消。但我正準備再回去讀書，因為我想當一個毒癮者的輔導員。我現在過得很不錯。但有時候，看到無家可歸的遊民，我會有罪惡感。當一個輔導員可以是一種回饋的方式。我想這是我應該做的。

我還是會做惡夢。多半都是關於快克的惡夢。我在隧道裡，剛剛才抽完快克，然後在腎上腺素的作用下驚醒過來。還有強暴我的男人的惡夢。還有愛波。有時候，如果做到愛波的夢，我會哭著醒過來，緊緊抱著枕頭。因為夢中那個枕頭就是愛波，如果我不緊緊抓住的話，她就會死。席妮知道我做惡夢，因為我會吵醒她。她想跟我談這些夢，但我不肯。我沒告訴她的事情還有很多。

現在的我跟過去吸毒的時候在街上遇到的那些人一樣了，那些上班下班回家的人，那些有著安穩生活的正常人。但那只是表象。我心裡從來就不覺得自己正常。我現在知道了，有家，有工作，有車，有兩隻狗，一隻貓，有一張萬士達卡，知道餐桌禮儀，記得說請和謝謝，不在公共場合大聲打嗝，走路的時候不蹦蹦跳跳，並不表示你就能融入社會。這些只表示你能騙過別人而已。

那天晚上我們吵得很凶，我和席妮對罵得很難聽。不是什麼大事，就跟多數的爭吵一樣。但這種事並不常有。因為席妮告訴過我，兩個人發生爭吵並不是世界末日。我以前從來沒這樣想過。我媽和羅伯吵架的時候，老是打耳光，摔東西，摔門。然後他就衝出家門。讓我媽獨自在家裡等他，一天，一個禮拜，甚至兩個禮拜的等下去，靠自己照顧自己。席妮告訴我，爭吵甚至打架都是一種解決事情的方法。如果處理的方式對了的話。

但我們處裡的方式有時候並不對。這次我們兩個都說了不該說的話。我說了很可惡的話，批評她的中產階級思想，標準的禮貌，死板板的愛爾蘭宗教背景。她也說到我的過去，告訴我，也許我該回去那裡，看看我會不會比較喜歡以前的生活。

所以，我回去了。我衝出家門，時速六十五英哩，沿著專用道，開向曼哈頓。

我到中央車站的時候已經是十一點多了。車站幾乎空無一人。我從這一頭走到那一頭。我真是嚇壞了，因為不但大多數的流浪漢不見了，候車室也不見了。我是說，候車室還在，不過所有的椅子都拿走了，換上了盆景。裡面擺了大概二十幾個賣食物的攤子，搭著有條紋的篷子和廣告牌，是糕餅、咖啡、新鮮水果和貝果的廣告。大部分的攤子要不是已經過了營業時間，就是正在收攤。

這就像是一場詭異的夢境，你離家很久以後才回來，卻發現一切都變了。看到傑瑞的小吃店還在，讓我稍感安慰。但店現在也打烊了。

有幾個警察在，不過看起來我都不認識。一個清潔工正在大廳拖地，我也不認得他。不過女廁所看起來還是一模一樣，那個清潔歐巴桑也還在，老是會大叫「這裡不准吸毒！」的那一個。我走進去在洗手台上洗手，然後在鏡子前面站了一兩分鐘，梳頭髮。想試試看她會不會認出我。但她一直在看報紙，一直沒把頭抬起來。

我再次穿過中央車站，繞一個更大的圈子。每個角落都會讓我想起一些事情，一些人。就像是回到從小生長的家裡，但第一次用大人的眼光來看。

我現在我看到的只是一個火車站。

瑪麗坐在人行道旁邊乞討，還是坐在以前那個老地方，樣子看起來跟我離開的時候也沒有兩樣。連一天都沒有老。她的頭髮還是一樣亂，身上還是一樣髒，我發誓，連她穿的衣服看起來都跟以前一模一樣。

我在她身邊坐下來，她馬上說，「哈囉，蒂娜！有沒有零錢？」就像不曾經過六年的時間，就像看到我坐在這裡是世界上最自然的事一樣。

她身上有小便的味道，但我不在乎。我給了她五塊錢，夠買幾罐啤酒了，或者再加個三明治。她謝了我，就把錢塞進口袋裡，連看都沒看。等一下她就會發現拿到的是五塊鈔票，也搞不好不會。也許她會直接拿給賣酒的，以為那是一塊錢。他也會假裝沒發現。

聖愛格妮斯教堂離中央車站不到半條街遠。我到那裡的時候，簡直不敢相信自己的眼睛。那裡現在只剩下一個空殼子。只剩下外面的牆壁和前面的樓梯。我知道這裡去年發生過火災，但不知道有這麼嚴重。教堂的一邊搭著鷹架，正準備重建。

我坐在樓梯上，跟以前愛波死後我想她的時候做的一樣。那種痛苦還是一樣強烈鮮明，恍如昨日。而那些問題也還在：她自殺之前到底經歷過什麼？為什麼她不能再撐久一點？如果她能撐過關鍵時刻，不管那個關鍵時刻是什麼時候，她可能就不會死。愛波也有權利過自己的生活，跟我一樣。為什麼我成功了，她卻沒有？

最糟糕的是，當時我為什麼不在場？如果我跟她在一起，而不是被關在牢裡，也許我可以阻止這件事情發生。

我想坐在台階上，這個愛波生前最後到過的地方，要是我坐得夠久，也許就能瞭解她的感覺吧。

法蘭西斯告訴過我，他知道愛波有槍。她在布園公園拿給他看過。她說那是她和傑奇在他們想要行竊的一輛貨車座位底下發現的。她把槍從牛仔褲裡拿出來，掛在腰上，展示給他看。那是一把小手槍，點二五口徑。她說，也許，他會想買？只要二十塊錢她就賣給他。「見鬼了，不要，我才不要槍，」法蘭西斯告訴她，「你最好把它丟掉。槍只會惹麻煩。還有，這把槍看起來很爛。」

愛波跟他說只是彈匣壞掉了而已，還是可以用。她說，十五塊。十五塊我就賣給你。法蘭西斯幾乎要買下來了，只為了把槍從愛波手裡拿走。她已經吸毒恍惚了好幾天，正處在神智不清的恢復期，這種狀態的人不應該帶著手槍到處走，就算彈匣壞了也一樣。

但在他來得及說話之前，愛波告訴他，別擔心，我很快就能脫手。我知道有人肯出二十五塊，我只是想優待你而已。她把槍又塞回牛仔褲裡。在法蘭西斯開口之前就走了。

貝芙麗告訴我，幾個小時以後，大概五點左右，她和米琪正坐在候車室裡吃外帶的中國菜，愛波匆匆走過。貝芙麗喊道，「喂，愛波，要不要吃點蝦仁炒飯？」但愛波一直往前走了過去，好像根本沒聽見。貝芙麗告訴我她看起來完全失了神，像殭屍一樣。

就在這個時候，法蘭西斯從萊辛頓大道的入口走進車站，看到愛波匆忙離開。他只瞥到一眼她的臉，但他告訴我他很確定她在哭。

「愛波，」他叫道，「等一下。」她大喊「再見！」當做回答，繼續往前走，朝四十三街聖愛格妮斯教堂的方向走過去。法蘭西斯看到山多士獨自坐在樓梯比較低的地方。他想去追她，不過沒去。愛波想要一個人的時候，最好還是讓她獨處。

山多士是個三十多歲的西班牙人，他坐在聖愛格妮斯教堂第四階的樓梯上，從紙袋裡喝著一罐百威啤酒，一邊眼光銳利的打量對街的一輛銀色奧迪，盤算著打破車窗偷走東西，又能全身而退的機會有多少。那是一個安靜的星期天下午，街上幾乎沒什麼人。教堂裡面正在進行禮拜，山多士聽到唱讚美詩的聲音。因為經常在這附近混，他知道，儀式大概還要一個小時才會結束，那時裡面的人才會出來。他想著，好吧，就去偷那輛奧迪好了。

他又喝了一口酒，眼角瞄到有人過來，然後他發現那是愛波。她正要過街，但是腳步搖搖晃晃的，像喝醉了一樣，手臂也以一種滑稽的姿勢在空中揮舞。

愛波點頭跟山多士打招呼，開始爬上樓梯。他舉起啤酒灌，意思是問她，要不要來一點？但她只是朝他揮揮手，在上面的樓梯坐了下來。正當山多士又把啤酒靠近嘴巴的時候，突然聽到砰的一聲大響，像是鞭炮的聲音。他轉頭，開口對愛波說，「幹，那是什麼聲音？」但他的話吞進了肚子裡。

愛波側躺著，蜷著身子，她的右手垂在樓梯上，握著槍。眼睛和嘴巴張得大大的，就像被嚇到一樣，她的左手伸向空中，像是想抓住什麼。「噢，天啊，」山多士說，「慘了，慘了，慘了。」

他伸手去碰她，然後又縮了回來。他跑上階梯用力撞大門，喊著，「她開槍自殺了，她開槍自殺了！」但沒人回答。他想，大概是因為他們正在唱詩，所以沒聽見他的聲音。有一輛車在半條街遠的地方停下來等紅燈。山多士追著那輛車叫道，「救命！她開槍自殺了！」他知道他跑下階梯時，有人，也許是神父吧，打開了教堂的門，不過來不及跑回去。

五分鐘之內就來了一輛救護車和兩輛警車。中央車站的每個人都聽到警笛的聲音，有人跑出來看發生了什麼事。法蘭西斯說，警察告訴他，她朝自己右邊太陽穴開了一槍，子彈穿過頭部，從另外一邊射了出來。他們把她抬走的時候她還活著，但已經失去意識，抽搐著，踢著腳，情況很嚴重。法蘭西斯告訴我一件很恐怖的事：她的右手一直彎著，好像還握著槍一樣，扣扳機的那隻手指不停痙攣著，一直重複著最後那個扣扳機的動作。

樓梯上留下的只有她的一隻球鞋，和醫護人員從她口袋裡拿出來的東西：螺絲起子，小刀，手電筒，一包萬寶路，兩顆打開的「泡泡多」（Double Bubble）泡泡糖。水泥地上她的頭敲到的地方留下了一小灘血漬。

喬治打電話給她媽，陪她在貝勒富醫院坐了一整夜。愛波在第二天早上九點三十分過世，一直沒有恢復意識。

回想起這一切，天啊，就像是有隻大鍾子重重敲在我肚子上一樣。坐在愛波死去的台階上更加深了我的痛苦。我頭很痛，我哭著，啜泣著，發著抖，顧不了自己就在東四十三街的大街上哭個不停。一切想像是那麼真實，就像親眼看到所有事情又再重演了一遍。

然後我注意到有一股暖流從身體中間升起，遍佈了全身。我忽然明白，我不用再往天上找尋愛波了，她就在我身體裡。

所以，我跟我心裡的自己說話。愛波，我永遠不會知道你這麼做到底有沒有理由，或者只是因為太多討厭的事情讓你受不了。也許，我沒有權利知道。不過，我想，就算我當時在場，我也阻止不了你。頂多只能把它延後一天，或一個禮拜。因為你總是照自己的意思做，從來不聽別人的話。這也是我愛你的原因之一。

已經過了午夜了。我的眼睛哭得又紅又腫。我把身上大部分的煙都抽完了，屁股開始痛了起來，因為在水泥樓梯上坐了太久。我正要點燃最後一根香菸的時候，卻有一種被誰盯著的感覺。街道上，中央車站的門附近，有三個男的。兩個黑人，一個西班牙人，雖然從這裡就看得出來，我並不認識他們，但他們的樣子跟我以前住在車站的時候認識的一半的人一樣。五年的街頭生活告訴我，他們盯上我了。

我突然想到我在這裡並不安全。不再是了，以後也不會。因為這些人看到我的時候，並不會把我當成他們的一份子。他們看到的是一個年輕的白人小妞，在午夜時分獨自置身街頭。

我很小心的從樓梯上站起來，看清楚沒被跟蹤以後，很快的離開聖愛格妮斯教堂的火災廢墟。我的車停在第三大道，只有半條街遠。我鎖上車門，啟動引擎，把收音機打開到很大的音量，朝家的方向開去。

國家圖書館出版品預行編目資料

中央車站/蒂娜、傑美・巴斯特・波爾尼克 著.蘇培英 譯 -- 初版. --
台北市： 高談文化, 2003【民92】
面； 公分
譯自：Living at the Edge of the World:
A Teenager's Survival in the Tunnels
of Grand Central Station
ISBN:957-0443-92-8（平裝）
1. 青少年問題-美國 2.遊民-美國
548.136 92016025

中央車站

作 者：蒂娜、傑美・巴斯特・波爾尼克
譯 者：蘇培英
發行人：賴任辰
社 長：許麗雯
總編輯：許麗雯
編 輯：劉綺文、呂婉君
行 政：楊伯江
出 版：宜高文化
地址：台北市信義路六段29號4樓
電話：（02）2726-0677
傳真：（02）2759-4681
製版：菘展製版 印刷：松霖印刷
http://www.cultuspeak.com.tw
E-Mail：cultuspeak@cultuspeak.com.tw
郵撥帳號：19282592高談文化事業有限公司
圖書總經銷：成信文化事業股份公司
電話：（02）2249-6108 傳真：（02）2249-6103
行政院新聞局出版事業登記證局版臺省業字第890號

2003年10月出版
定價：新台幣280元整